Meditation für dein Leben

Inhalt

Herzlich willkommen zu **Meditation
für dein Leben**!   9

Was ist Meditation? 18
Meditation ist kein Nichtstun 19
Meditation als regelmäßige Praxis 22
Meditation versus Achtsamkeit 24
Der Stress, den wir nicht fühlen,
   ist der gefährliche 26
Positive Effekte der Meditation 30
Meditation ganz praktisch 37
Das erste E: Einstimmung 42
Das zweite E: Erkenntnis 42
Das dritte E: Entspannung 43
Leben mit einem Guru 43

Training fürs Gehirn 51
Der Aufbau deines Gehirns 53
Wie wirkt Meditation auf das Gehirn? 60
Wellen im Kopf 63
Erleuchtet, nicht verstrahlt 66
Deine Übung: Dein Warum 67

Bewusster und unbewusster Geist 68
Deine Meditation: Körperwahrnehmung . . . 72

Es geht nur um dich 74
Du bist das Zentrum deines Lebens 79
Die Welt in deinem Inneren 81
Deine Übung: Wovon hast du
früher geträumt? 84
Wie du deine Energie wirklich nutzt 84
Deine Übung: »Ich kann nicht, weil …« 86
Deine Sub-Persönlichkeiten 88
Deine Meditation: Körperscan 89

Selbstliebe kultivieren 90
Wie sehen unsere Liebesbeziehungen
aus? 90
Wer sind wir wirklich? 92
Deine Übung: Deine Prägungen in
Sachen Liebe 95
Die andere Seite 97
Der Weg führt: nach innen 99
Deine Innenwelt prägt deine Außenwelt 101
Deine Meditation: Lass deine
Bezugspersonen gehen 102

Der aktuelle Moment 103
Zeit ist eine Illusion 103
Achtsamkeit und Fokus 107
Die Macht deines Denkens 109
Think big 111

Kreativität 114
Deine Übung: Kitzel deine Kreativität
hervor 116
Achtsamkeit für Führungskräfte – und das
sind wir schließlich alle 117
Deine Meditation: Fokussiert auf den
Atem 119

Alte Muster verlassen 120
Deine geistige Landkarte 120
Der Hang zu Kontrolle ... und das Loslassen . . 122
Kontrolle in größeren Feldern 124
Warum braucht es die Stille? 126
Deine Meditation: Schulung der Intuition . . . 129

Andere gehen lassen 131
Gesunde Grenzen setzen 132
Erkennen, was ist, und loslassen 135
Deine Übung: Ich stehe nicht mehr zur
Verfügung! 137
Deine Meditation: Werde dir deiner
Gefühle bewusst 138

Stoppe deinen Neid 139
Neid, Gier, Eifersucht und das Bewerten 140
Deine Übung: Gefühlswellen 142
Wohlwollende Achtsamkeit 142
Deine Meditation: Dankbarkeit und
Güte kultivieren 145

Vom Denken zum Handeln 147

Wie veränderst du tatsächlich etwas? 147

Wo beginnen? 150

Willenskraft trainieren 150

Den Alltag benutzen 153

Deine Meditation: Gefühle wieder

gehen lassen 155

Kinder sind die besten Meditierer 156

Wer muss sich hier entwickeln? 158

Was bringen Warnungen und

Ermahnungen? 161

Meditation und Emotionsregulation 163

Meditation für Eltern 164

Die Kraft des Energetischen 165

Nicht sichtbar – und doch sehr wirksam 167

Immer kleiner, immer feiner 170

Deine Meditation: Expansion über

alle Grenzen hinweg 176

Scheinbar Unumstößliches infrage

stellen 178

Glaube an Menschlichkeit und Freude 179

Deine Übung: Bewusste Pause von allem . . . 181

Die Energie der Liebe 182

Deine Meditation: Lass dich einfach in

Ruhe 185

Herzlich willkommen zu
Meditation für dein Leben!

Und auch herzlichen Glückwunsch: Dieses Buch wird dein Leben verändern.

Stell dir vor, du hattest einen wunderbaren Tag. Alles, was du dir vorgenommen hast, hat funktioniert. Die Kinder haben artig ihr Gemüse gegessen, du hast eine Gehaltserhöhung bekommen, alles ist perfekt gelaufen, und dein Partner hat dir gesagt, dass er dich liebt.

Wie fühlst du dich wohl am Ende dieses Tages?

Zufrieden, wertvoll, stark und wahrscheinlich auch kompetent.

Und nun stell dir das Gegenteil vor. Du hattest einen miesen Tag, die beruflichen Gespräche waren frustrierend unerfolgreich, die Kinder haben sich nur gestritten, und du hast dabei auch noch mitgemacht, deinen Sport hast du ausfallen lassen und dein Konto wurde gepfändet.

Wie sieht es in deinem Inneren jetzt aus?

Aller Wahrscheinlichkeit nach fühlst du dich unsicher, wertlos, schwach und depressiv.

Beiden Situationen ist eine Sache gemeinsam: Die Stimmung am Ende des jeweiligen Tages ist in einem hohen

Maße von äußeren Faktoren abhängig, die du gar nicht kontrollieren konntest. Du bist in deinem Inneren unfrei, dem Wohlwollen der Welt und ihrer Bewohner ausgeliefert. Oder?

Die meisten von uns sehen das Leben so, sie fühlen sich komplett abhängig von den äußeren Umständen. Für sie ist es sehr schwer, glücklich und zufrieden zu sein. Mal klappt es, in der überwiegenden Anzahl der Tage aber eben auch nicht. Es ist ein unerleuchteter und substanzloser Zustand.

Wenn du überprüfen möchtest, wie es in deiner Umwelt zugeht, stell dich einfach in die U-Bahn oder setz dich in den Park und höre den Menschen zu. In ihren Gesprächen geht es meistens um andere Leute, um Geld, darum, wer neuerdings mit wem zusammen ist und wie alle anderen sich benehmen. Beinahe nie geht es weiter in die Tiefe und um wirkliches Verstehen. Die meisten wollen unbedingt wissen, was im britischen Königshaus los ist, obwohl es ihr Leben überhaupt nicht beeinflusst. Sie wollen sich die künstlich verbesserten Bilder der Hollywood-Schauspieler im Urlaub am Mittelmeer ansehen, anstatt sich um ihre eigene Familie zu kümmern. All diese Ablenkungen halten sie herrlich beschäftigt und sind ein probates Mittel, den eigentlich wichtigen Fragestellungen im eigenen Leben schlicht auszuweichen.

Unser psycho-emotionaler Zustand ist in einem hohen Maße davon abhängig, wie viel Status, wie viele materielle Dinge und emotionale Zuwendung von anderen wir bekommen. Basieren unsere Beziehungen aber nur auf dem Austausch von Gütern und emotionalem Futter, sind sie ein zweischneidiges Schwert. Denn wir fühlen uns nur gut, wenn wir auch bekommen, was wir wollen.

Genauso ist es auch in unserer Beziehung zum Leben selbst. Je nachdem, wohin das Pendel des Lebens nun gerade schwingt, fühlen wir uns glücklich, frei und authentisch oder krank, deprimiert und unerfüllt.

Das Leben selbst ist, wie es ist, es ist weder großzügig noch geizig. Alle Interpretationen, die wir vornehmen, sind in Wahrheit nur Projektionen unserer eigenen Muster.

Mit dieser Haltung werden wir das Leben aber nicht verbessern und auch nicht auf ein höheres Niveau heben. Dieser Bewusstseinszustand ist vielmehr eine der Wurzeln von Konflikten, Gewalt und mangelnder Authentizität, ein Nährboden für Drogen, Betäubung, Oberflächlichkeit und Unmenschlichkeit, wie sie im Moment in unserer Welt überall zu beobachten sind. Diese Lebensweise ist ursächlich mit dafür verantwortlich, dass es überhaupt Kriege und Hass gibt.

Doch wo ist der Ausweg? Wie könnte es anders gehen? In diesem Buch geben wir dir das Rezept, um aus diesem Muster auszusteigen. Du kannst diesen trüben Zustand verlassen und zu mehr Klarheit, Freude und Leistungsfähigkeit kommen. Die Welt wird dann mit und durch *deine* Person ein bisschen besser. Die Energie dazu schöpfst du aus dir selbst, ohne erst auf äußere Zustimmung oder gar die Erlaubnis von anderen zu warten. Deine Lebensumstände entwickeln sich immer nach deinem Inneren, und wenn du das weißt, musst du die Welt gar nicht umformen. Du musst nur dich selbst formen, dann entsteht die Welt im Außen dem entsprechend.

Was bringt dir dieses Buch?

Wir sind seit vielen Jahren auf der Suche nach Antworten auf die großen Fragen des Lebens und haben bei Meistern in der ganzen Welt gelernt, haben deren Formeln ausprobiert und in unser gemeinsames Leben integriert. Dazu gehören Meditation, Yoga, Kampfkunst und andere Mind-Body-Spirit-Techniken. Wir haben uns immer neu gefragt, was die Antworten auf die existenziellen Fragen unseres Lebens sind, und nicht nur, was wir arbeiten sollen. Wir wollen wissen: Wer sind wir, als Mann, als Frau, als Lehrer, als Schüler, als Eltern, und wo ist unser Platz im Leben?

Mittlerweile haben wir viele Antworten auf unsere Fragen gefunden. Vor allem war und ist die Meditation ein wichtiger Schlüssel dabei. In diesem Buch geht es uns daher auch um eine Kombination aus Meditation und psychologischer Entwicklung, also wirklich um »Meditation für dein Leben«. Die Meditationstechniken, die wir hier vorstellen, folgen keinem Dogma oder religiösen Kontext. Sie ermöglichen dir im Alltag, sofort einen Zustand der Stille zu erreichen. Ganz ohne Räucherstäbchen und Meditationsraum. Immer und überall. Außerdem kannst du unerwünschte Verhaltensmuster bei dir »löschen« und stattdessen konstruktivere innere Abläufe etablieren. Meditation ist nämlich der Treibstoff, der ungünstige Muster gehen lässt.

Meditation ist das schönste Geschenk, das du dir selbst machen kannst. Du wirst damit endlich im aktuellen Moment ankommen, dem einzigen Platz, in dem dein Leben wirklich stattfindet. Sie lehrt dich, deine diversen »Anhaftungen« zu lösen. Deine Beziehung zu Materiellem (das ganze Zeugs, das dich umgibt und von dem du immer mehr willst) wird sich dadurch verändern: Du wirst weniger wollen, ganz von allein. Deine Beziehungen werden sich wandeln, du wirst einige loslassen, und andere werden aufblühen oder neu in dein Leben kommen. Du wirst immer weniger abhängig davon, ob andere dir zustimmen oder dir ihren Segen für das geben, was du tust. Mitgefühl und Gleichmut werden deine Wegbegleiter, nicht Aggressivität, Reaktivität oder übertriebene Ichbezogenheit. Du wirst falsche Identitäten loslassen, denn du musst nicht andauernd dünn sein oder erfolgreich, verwirrt, gierig oder neidisch. Dein echter »Inhalt« wird immer weiter an die Oberfläche kommen.

Du bist eingeladen, die beste Version deiner selbst zu werden, denn die ist es, die du selbst brauchst. Und die Welt ebenfalls.

Wir selbst arbeiten ständig daran, uns weiterzuentwickeln und noch tiefer zu unserem Wesenskern vorzudringen. Trotzdem leben wir natürlich »mittendrin«, in Deutschland, in Hamburg, mit zwei Kindern. Wir wissen dabei, dass die Zukunft unserer Kinder davon abhängt, welche Entscheidungen wir heute treffen. Je reflektierter und verantwortungsbewusster wir sie treffen können, desto besser stehen die Chancen für alles Kommende. Und das gilt nicht nur für eine Familie, es gilt für uns alle in der Welt.

Tauchgang ins Unbewusste

Wie wir als Kinder die Welt erlebt haben, das bestimmt unser Leben als Erwachsene. In den ersten Jahren werden die Muster für unser Verhalten angelegt, nach denen wir später leben. Als kleine Kinder waren wir in einer Art permanentem »Aufnahmemodus« und lernten, in unserer Welt zurechtzukommen. Wir lernten, wie man als soziales Wesen in einer Gemeinschaft lebt. Von unseren Eltern und unserem Umfeld übernahmen wir dabei aber auch viele ungelöste Konflikte und unsinnige Denkweisen, ohne dass es uns bewusst war. Diese Muster wirken oftmals bis heute. Wenn wir sie uns nicht bewusst machen, bleiben sie in uns bis zum Ende des Lebens aktiv.

Es ist ziemlich unerfreulich, dass wir auch so viele Muster übernommen haben, die gar nicht funktionieren und uns in unserem Fortkommen hindern. Wir schaffen es nicht, unser volles Potenzial zu entfalten, weil wir von Komplexen, Ängsten und anderen schwierigen Gefühlen und Denkmustern geplagt werden. Und wir sind uns dessen gar nicht bewusst. Wir fragen uns nur: Wieso passiert mir immer wieder das Gleiche?

So viele verlassen eine unbefriedigende Beziehung, nur um die nächste nach genau dem gleichen Muster einzugehen. Oder sie schlittern in ein Burn-out im Job, obwohl sie sich beim letzten vor fünf Jahren geschworen hatten, alles anders zu machen. Doch wenn wir eine ganz bestimmte Macht nicht mit einbeziehen, wird sich nichts ändern: Unser Unterbewusstsein ist ein mächtiges Betriebssystem, das uns durch unser Leben steuert, wie es will. Eine Veränderung unbewusster Muster ist nur möglich, wenn wir auf dieser Ebene arbeiten, der bewusste Verstand ist dabei gar nicht so wichtig.

Genau hier kommt die Meditation ins Spiel. Mit ihr kannst du auf genau die Ebene deines Betriebssystems gehen, wo sich alte Programme überschreiben lassen. Einfach löschen geht leider nicht, wir können aber neue Inhalte hinterlegen. Damit steht dir die Möglichkeit offen, dich endlich über das Stadium des innerlich Kind-Bleibens hinaus zu entwickeln und ein vollwertiger erwachsener Mensch zu werden. Dann brauchst du nicht mehr beim kleinsten Hindernis aufzugeben. Du brauchst auch nicht mehr auszurasten, wenn dir jemand den Parkplatz wegnimmt oder in deinem Lieblingscafé eine Schlange ansteht.

Wir werden dir in diesem Buch verschiedene Geistesschulungen und Meditationen vorstellen, mit denen du dich in deinem Leben voranbewegen und lernen kannst, jederzeit in einen Zustand entspannter Stille einzutreten. Du kannst sie genauso nutzen, um deine Leistungsfähigkeit oder Kreativität zu steigern. Wir wissen, dass unsere Methoden funktionieren. In unseren Seminaren und unseren Meditations- und Yogastudios haben wir schon zahllosen Menschen dabei geholfen, ein erfüllteres Leben zu führen, chronische Krankheiten zu lindern und stressfreier zu leben. Diese Menschen haben, wie wir auch, Job- und Beziehungsprobleme zu bewältigen, Kredite zu bezahlen und ihre Kinder zu erziehen. Und es wurde leichter für sie, seit sie meditieren. Viele der praktischen Angebote haben wir außerdem bereits mit echten Topperformern durchgeführt, seien es Popstars, Sportprofis oder Vorstände großer Unternehmen.

Jetzt haben wir alle diese Techniken in einen nachvollziehbaren und einfachen Rahmen verpackt, damit du dein Leben erfüllter und mehr im Einklang mit dir selbst führen kannst. Denn es geht um niemand anderen als um dich. Nur wenn du auf allen Ebenen in deiner Kraft stehst, hast du auch genug Energie für dein eigenes Leben und für deine Liebsten. Lass uns also zusammen einsteigen in dein neues Leben.

Wie nutzt du dieses Buch am besten?

Das Buch, das du in den Händen hältst, fordert dich auf, mit ihm zu arbeiten. Wir geben dir in den einzelnen Kapiteln unterschiedliche Praxisvorschläge. Das sind zum einen Reflexionsübungen und zum anderen Meditationen. Dabei folgen wir verschiedenen Schwerpunkten, die in deinem Leben relevant sein dürften, wenn du mit der Meditationspraxis beginnst. Wenn du alle praktischen Angebote durchgehst und dabei bleibst, dürfte sich wirklich etwas tun in deinem Leben.

Du musst das Buch allerdings nicht von vorn bis hinten lesen. Wenn dich eine Überschrift oder ein Thema besonders interessiert, befasse dich einfach damit und wandere dann weiter.

Du findest außerdem auf der Website www.meditation fuerdeinleben.de weiteres Material, Quellenangaben und zusätzliche Informationen.

Wir wünschen dir viel Erfolg und Freude bei der »Arbeit« mit diesem Buch und mit dir selbst.

Was ist Meditation?

Stell dir vor, es läuft den ganzen Tag der Fernseher. 24/7. Er spult sein Programm ab, Sendung für Sendung. Ohne Pause. So ungefähr funktioniert dein Gehirn. Je mehr Stress du hast oder glaubst zu haben, umso schriller wird dabei das Programm. Jede Sendung steht für die Gedankenimpulse, die dein Gehirn unentwegt erzeugt. Von allein. Es kann nicht anders.

Und jetzt kommt das Wichtigste:
Du musst dieses Chaos nicht zur Ruhe bringen!

Viele glauben, dass es in der Meditation darum geht, die Gedanken »abzuschalten«. Das stimmt aber überhaupt nicht. Dieser stete Energiefluss, der sich durch Gedanken äußert, soll bitte weiter fließen. Diese Gedanken sind auch nicht dein Feind, den du irgendwie bekämpfen musst. Nein, es ist überhaupt nichts verkehrt mit ihnen und auch nicht mit dir. Du bist super. Jetzt. So, wie du bist. Punkt.

Wir denken so häufig defizitorientiert: »Ich beherrsche dieses nicht, kann das auch nicht, und jenes gelingt mir schon gar nicht.« Na und? Es gibt eben an ein paar Stellen was zu tun, es lässt sich was verbessern.

Hier kommt die Meditation ins Spiel. Sie hilft dir, dich bewusst von dem permanenten Gedankenstrom zu distanzieren und eine Beobachterperspektive einzunehmen. Du bist nicht nur deine Gedanken. Zwar auch, aber eben noch viel mehr. Im Westen denken wir leicht: »Ich denke, also bin ich.«

In östlichen Philosophien ist es immer wesentlich, den Verstand nur als einen Aspekt des Individuums zu betrachten. Meistens auch nicht als den wichtigsten. Es gibt in diesen Weltanschauungen neben dem physischen Köper mit seinem Gehirn noch einen energetischen Körper, den emotionalen Körper, eine astrale Sphäre und so weiter. All das sind dort wichtige Teile der Existenz eines Menschen und kein esoterisches Bimmelbammel.

Meditation ist kein Nichtstun

Viele Leute glauben, sie haben zu viel zu tun und können deswegen nicht meditieren. Sie haben zu viel Stress. Die 1440 Minuten des Tages sind schon prall gefüllt. Da kann man einfach nicht so viel Zeit nutzlos verschwenden, indem man mit geschlossenen Augen dasitzt und nichts abarbeitet. Nein, wirklich nicht.

Stell dir dein Leben mal wie einen Garten vor. Alles wächst dort, alles kämpft ums Überleben, die schönen Blumen, aber auch das ganze Unkraut. Und alles, dem du Aufmerksamkeit schenkst, das du also bewässerst und pflegst, wird auch wachsen. Wenn jetzt Stress dazukommt, verlierst du schnell den Überblick, allmählich wächst alles zu, und der Garten wird zu einem einzigen Chaos, nicht besonders gepflegt.

Wir arbeiten mit vielen Topperformern in ihren Bereichen, und gemeinsam ist ihnen allen, dass ihr Garten nicht erst zum Wettkampf oder dem Konzert vor 40 000 Besuchern aufgeräumt wird. Er war vorher auch schon in einem guten Zustand und ist es grundsätzlich immer.

Genau diese Ordnung kann Meditation in deinem Kopf erzeugen. Sie ist damit kein Herumsitzen, sondern eine recht intensive innere Aktivität, bei gleichzeitiger möglichst tiefer Entspannung. Du kannst damit alle alten Sachen und überholten Themen überprüfen, gegebenenfalls loslassen und deine volle Energie auf den aktuellen Moment richten. Wenn du zwanzig Minuten am Tag meditierst, sind das etwa 1,5 Prozent des Tages. Damit wirst du aber leistungsfähiger für die ganzen 98,5 restlichen Prozent des Tages. Das bedeutet: Die investierte Zeit bekommst du sogar mit Zinsen wieder zurück.

Unsere Meditationen sind eine systematische Technik zur Geistesschulung. Dabei geht es darum, eines der zentralen »Werkzeuge«, die wir in unserem Leben haben, nämlich den Geist, auch wirklich als ein machtvolles Instrument zu nutzen. Dummerweise kommt er nämlich ohne Bedienungsanleitung zu uns, und wir müssen erst lernen, ihn zu benutzen.

Meditation ist nicht nur in unserer heutigen Zeit auch eine Wissenschaft. Im Buddhismus beispielsweise wurde sie über Jahrtausende dazu genutzt, einen tiefen Einblick in die Wirkungsweise des Geistes zu erlangen. Heute ist vor allem die Stressreduktion eine ihrer angestrebten

Hauptwirkungen, und damit hilft sie nicht nur uns als Individuen, sondern auch der ganzen Welt. Die Weltgesundheitsorganisation WHO sieht nämlich im Stress die »Seuche des 21. Jahrhunderts«, sie tötet mehr Menschen als Infektionskrankheiten. Die Forschungen verschiedener Wissenschaftsdisziplinen (unter anderem Immunologie, Ganzheitliche Medizin, Psychologie und Hirnforschung) haben gezeigt, dass Meditation unser vegetatives Nervensystem stimuliert, aber vor allem auch entspannt. Dadurch werden unsere Organsysteme besser reguliert, Heilung und Regeneration werden gefördert. Meditation hat also viele körperliche und psychische Vorteile.

Vielleicht bist du auch früher schon mal auf das Thema Meditation gestoßen, hast es aber als zu »esoterisch« oder abgehoben empfunden. Wir werden hier einen klaren Bogen zu unserem westlichen Lebensstil schlagen. Da ist nichts abgehoben. Abheben ist auch wirklich nicht nötig, wir konzentrieren uns hier auf die praktischen Aspekte, die einem normalen modernen Menschen helfen können. Du brauchst dich auch nicht in den Himalaja zurückzuziehen, um Meditation zu praktizieren. Wir leben heute nun mal überwiegend in Städten ohne viel echte Natur, wir haben Kinder, Eigenheime, Jobs, Unternehmen und Sportvereine.

Glaub uns gern, wir kennen das alles, denn auch unser Leben sieht so aus. Jeden Tag aufs Neue musst du genauso wie wir die Energie finden, dein Universum und die Menschen, die es mit dir zusammen bevölkern, voranzubringen. Dafür musst du natürlich deine geistigen und auch körperlichen Ressourcen optimal nutzen können.

Regelmäßige Meditation hilft dir dabei, alles gelassener anzugehen und deine Performance zu steigern. Auch ein Computer muss in regelmäßigen Abständen mal heruntergefahren werden, um sich aufzuräumen und Updates zu installieren. Altes Zeug wird von der Festplatte gelöscht, und die Programme laufen dann besser. Genau das macht die Meditation für uns.

Meditation als regelmäßige Praxis

Unser Verstand wird in der Stille zu unserem Untertan und zugleich zu einem mächtigen Werkzeug. Wenn wir nicht lernen, angemessen mit ihm umzugehen, bleibt er allerdings der Herrscher, und unser Leben ist impulsgesteuert und wird immer anstrengender und chaotischer. Unser Bewusstsein ist dann getrieben und höchst reaktiv – auf jede noch so banale Angelegenheit müssen wir reagieren, emotional und oft unangemessen. Mit einem geschulten Geist aber können wir eine ganze Menge Winkelzüge eliminieren, die uns sonst so leicht von dem abbringen, was wir wirklich wollen.

Wenn wir also lernen, unseren Geist auf eine sinnvolle Art zu nutzen, steht uns die Welt offen. In uns entstehen mehr Klarheit und ein schärferer Fokus. Meditation ist dann irgendwann nichts mehr, das wir »machen«, sondern ein innerer (Dauer-)Zustand.

Meditation hat nichts mit Religion zu tun, auch wenn die Grenzen manchmal fließend sind. Wir siedeln Meditation auf einer höheren Ebene als Religion an. Diese Ebene, die wir dann erreichen, wenn wir irgendwann in unserer Praxis einen stabilen Fokus gemeistert haben, ist die Befreiung von mehr und mehr »falschen« Wahrnehmungen. Wir können dann erkennen, wo wir manipuliert werden, und zu unserer wahren Essenz finden. Die Welt, in der wir leben, wird für uns einfacher, verständlicher und auch besser gestaltbar.

All das kannst du nur durch Praxis erreichen. Wie deine Muskeln reagiert auch dein Geist auf steigende Beanspruchung mit Superkompensation. Das bedeutet, mit steigender Belastung und Stimulation passt er sich an und wird leistungsfähiger. Die Regelmäßigkeit ist der Schlüssel zum Erfolg, bloßes Verstehen ist nicht ausreichend. Mit einer regelmäßigen Praxis aber bereitest du den Boden, auf dem die Voraussetzung für ein erfolgreiches und selbstbestimmtes Leben geschaffen wird. Die schönen Pflanzen im Garten wachsen nicht, weil wir das so wollen. Sondern weil wir ihnen den Boden bereiten und sie ausdauernd pflegen.

Viele Leute strengen sich gar nicht erst an, sind träge, beinahe wie betäubt. Ja, wir alle sind in gewisser Weise betäubt und ruhiggestellt, voller Angst vor allem Möglichen und ohne echte innerliche Befriedigung. Hektisch und oberflächlich. Mit der Meditation findest du aber aus diesem Alltagswahnsinn mit seiner überdrehten Frequenz wieder heraus. Möglich wird das durch eine innere Distanz von all den inneren und äußeren Vorgängen, die du mithilfe der Meditation erlangen kannst.

Meditation versus Achtsamkeit

Viele Leute werfen diese beiden Dinge in einen Topf, und tatsächlich gibt es auch eine Menge Gemeinsamkeiten. Trotzdem wollen wir hier die beiden Begriffe auseinanderhalten, damit du siehst, wo die Kraft der einzelnen Methoden liegt.

Achtsamkeit bedeutet zu erleben, was im aktuellen Moment passiert. Auf allen Ebenen wahrzunehmen, was ist. Es ist ein bestmögliches Gewahrsein der eigenen Realität. Eine Übung dafür ist zum Beispiel, eine Karotte so intensiv zu schmecken, dass du hinterher einem Außerirdischen klarmachen könntest, wie sie genau schmeckt. Um das zu können, musst du dich voll und ganz auf den Geschmack einlassen und ihn hundertprozentig – eben achtsam – wahrnehmen. Das kann durchaus eine Meditation sein, denn es hat eine starke Fokussierung auf deine Innenwelt.

Meditation ist nämlich eher eine Versenkung in das Innere. Auch sie nutzt dabei manchmal etwas Gegenständliches. Vielleicht nicht unbedingt eine Karotte wie im Beispiel, aber den Atem, eine Kerzenflamme, eine Affirmation, ein Mantra oder etwas anderes in der Art. Achtsamkeit können wir im Alltag in jedem Moment üben, während es bei der Meditation eher um eine Praxis geht, für die man sich extra Zeit nimmt. Am besten jeden Tag die gleiche.

Über die Jahrtausende der Menschheitsgeschichte hat es unzählige Formen von Meditation und verwandten Techniken gegeben. Wir können heute keinen genauen Zeitpunkt benennen, an dem die Menschen begonnen haben zu meditieren. Die Ursprünge liegen aber viele Tausend

Jahre zurück, im Nebel der Vergangenheit. In Indien zum Beispiel gibt es Felszeichnungen, die Menschen in einem meditativen Sitz zeigen, die Augen halb geschlossen. Diese Bilder sind etwa 3500 bis 5000 Jahre alt. Andere urzeitliche Stammesgemeinschaften hatten damals schon Schamanen, die einen Zugang zu den geistigen Welten hatten. Darüber haben sie dann beispielsweise um Regen für die Ernte gebeten. Sie hatten die Fähigkeit, höhere Bewusstseinsstufen zu erreichen und die Dinge so zu sehen, wie sie tatsächlich sind. Sie konnten die Wirklichkeit in deutlich mehr Facetten wahrnehmen, als das mit dem alltäglichen Bewusstsein geschieht. Nicht selten gelang das unter Zuhilfenahme von psychoaktiven Substanzen oder tranceartigen Ritualen mit Trommeln und Gesängen. Der Schamane verließ dabei seinen Körper und erlangte in der »Anderswelt« Heilung und Weisheit für seine Gemeinschaft. In einigen Teilen der Welt wird das bis heute so gemacht. Es entspricht nicht dem, was wir heute unter Meditation verstehen oder aus Religionen wie dem Buddhismus kennen, doch es ist ebenfalls verwandt damit. Auch im Buddhismus beispielsweise, bei dem die Praktizierenden und vor allem die Mönche und Nonnen tagtäglich viele Stunden meditieren, geht es darum, einen viel tieferen und weitreichenderen Blick auf die Wirklichkeit – eingeschlossen die Wirklichkeit des eigenen Seins – zu erlangen.

In unserer heutigen Zeit haben wir das Glück, uns auf die Essenz der Meditation besinnen zu können und auch mit einem relativ geringen Zeiteinsatz – mitten in unserem ganz normalen modernen Leben – von ihren Vorzügen zu profitieren.

Der Stress, den wir nicht fühlen, ist der gefährliche

Lass uns aber erst noch einmal dorthin zurückgehen, von wo aus die meisten von uns starten: in einem Leben voller Stress und im Ungleichgewicht. Unser Körper und unser Geist haben die Eigenschaft, immer auf ein Gleichgewicht hinzuarbeiten. Man spricht hier auch von Homöostase. Auf eine autonome Art und Weise reguliert sich unser System konstant selbst. Das schafft es aber nur, wenn es nicht überlastet ist.

Wir sind alle sehr häufig im Stress. Normalerweise reagieren wir in irgendeiner Weise innerlich oder äußerlich darauf, und damit stellt sich der Gleichgewichtszustand wieder ein. Das aber klappt nur bis zu einem bestimmten Maß an Stress. Normalerweise haben wir im Stress eine Menge zu tun, und unsere Terminlast überwältigt uns. Zu viele Ereignisse in der Außenwelt erfordern unsere Reaktion, unsere Impulse und eine Steuerung. Wir hetzen von einem Punkt zum nächsten und vermissen die nötigen Ruhepausen.

Solche zu schnellen und zu dichten Lebensrhythmen, oftmals in Verbindung mit einer empfundenen Sinnlosigkeit des eigenen Tuns, führen nicht selten in ein Burn-out oder Erschöpfungszustände, zu Krankheiten auf der seelischen und nicht selten auf der körperlichen Ebene. Gegen diese Art von Stress kann man allerdings relativ leicht etwas tun, indem man die Umstände, die einen da reingeführt haben, verändert. Ein neuer Job, ein neuer Lebensrhythmus, vielleicht mehr Yoga, regelmäßiger Sport und ein stärkendes Familienleben helfen dann, die Batterien wieder aufzuladen. Nutzen wir diese Möglichkeiten, regulieren wir uns auch wieder in die Homöostase. Auf dieser Ebene droht nicht die größte Gefahr, auch wenn viele Menschen das glauben. Unsere persönliche Erfahrung und Wahrnehmung ist das nicht. Die Reaktion auf unsere äußeren Einflussfaktoren ist dabei natürlich variabel. Die eine Woche empfinden es als einfach, auf die Wellen des Lebens zu reagieren, und in der nächsten Woche scheint uns das gleiche Spiel als überwältigend und nicht machbar.

Die wirkliche Bedrohung aber liegt woanders. Sie liegt unserer Ansicht nach in dem Stress, den wir nicht mehr fühlen und an den sich unser gesamtes System bereits angepasst hat. Wir sind in diesem gefährlichen Zustand so daran gewöhnt, dass wir Stress haben, dass wir ihn gar nicht mehr als Stress wahrnehmen.

Ein gutes Beispiel für diese Desensibilisierung ist ein Raum, in dem es muffig riecht. Nach einigen Minuten in diesem Raum nehmen wir den Geruch nicht mehr wahr. Wir sind desensibilisiert. Wenn wir den Raum für fünf Minuten verlassen und dann zurückkommen, bemerken wir es sofort wieder: Es müffelt. Bis zur nächsten Anpassung daran.

Stress an sich ist nicht das Problem. Unser System ist auf vielen Wegen in der Lage, immer wieder ins Gleichgewicht zu finden. Hört der Stress aber nicht auf und leugnen wir, dass wir ihn überhaupt haben, dann wird es gefährlich.

Der interne Ablauf bei gefährlichem Stress folgt diesem Muster: Als Erstes geraten wir unter Stress. Unser gesamtes System gerät aus dem Gleichgewicht, die Balance ist dahin. Der Körper schüttet Adrenalin, Noradrenalin und Cortisol aus. Das System bewegt sich in den Kampf-Flucht-oder-Erstarrungs-Modus. Der Blutdruck und die Herzfrequenz erhöhen sich. Wir erleben die sogenannte Aktivierungsphase.

Darauf folgt die Widerstandsphase, hier versucht der Körper, das Gleichgewicht wiederherzustellen. Doch wir mit unserem bewussten Verstand wollen oftmals gar nicht erkennen, dass wir aus dem Gleichgewicht geraten sind. Eine typische Aussage ist dann: »Stress? Wieso, ist doch gar nichts los bei mir! Das bisschen schaffe ich doch locker!« Wir wollen als belastbar gelten und nicht als Schwächlinge angesehen werden. So sind wir schließlich konditioniert – von nichts kommt nichts. So verharren wir in schrecklichen Jobs, die uns auslaugen, und in unbefriedigenden Beziehungen, die uns quälen. Geist und Körper verbrauchen dabei aber unentwegt Ressourcen, um dieses Ungleichgewicht auszubalancieren. Sie setzen alles daran, die Homöostase wiederherzustellen. Wir aber steuern die ganze Zeit dagegen. Oft merken wir nicht einmal, was für Kämpfe da in unserem Inneren toben. Das ist der Stress, den wir nicht mehr merken.

Wenn die Reserven des Körpers verbraucht sind, folgt die letzte Phase: die Erschöpfung. Körper und Geist sind jetzt am Ende ihrer Anpassungsfähigkeit. Sie schaffen es nicht mehr, ein irgendwie brauchbares Gleichgewicht aufrechtzuerhalten, solange die Stressoren weiterhin mit voller Kraft auf uns einwirken. Jetzt fallen wir ins Burn-out, in eine Depression oder werden auf andere Weise ernsthaft krank.

In unserer westlichen Konsumgesellschaft ist ein solcher Verlauf leider bei einem Großteil der Bevölkerung an der Tagesordnung. Depression und Burn-out betreffen sehr viele Menschen. All die materiellen Dinge, die sie vielleicht besitzen, können am Ende nicht die Leere, die im Inneren herrscht, überdecken.

Wenn jemand zu uns sagt: »Ich habe keine Zeit zum Meditieren, ich hab noch nicht einmal 'ne Mittagspause!«, dann wissen wir: Für diesen Menschen ist Meditation jetzt das Allerwichtigste. Sie sollte Priorität Nummer eins bekommen.

Stress bremst uns mit der Zeit in unserem Leben völlig aus. Er bremst aber auch schon recht früh unsere Leistungsfähigkeit. Solange wir uns von Leistungsdruck und Kreativität auf Knopfdruck antreiben lassen, entsteht Stress mit all den beschriebenen Auswirkungen. Wenn wir unter Druck geraten, ist es daher umso wichtiger, sich durch eine regelmäßige Meditationspraxis zusätzliche Fokussierung und Aufmerksamkeit zu verschaffen. Dann muss der Stress nicht in die späteren und schweren Phasen von Burn-out und Erschöpfung einbiegen. Wir unterstützen unser System dabei, immer wieder ins Gleichgewicht zu finden. Das ist bereits einer der wesentlichen Effekte der Meditation. Und es gibt viele weitere, die wir uns jetzt anschauen wollen.

Positive Effekte der Meditation

Meditation hat weitreichende Effekte, die zum Teil beinahe übernatürlich wirken. Mittlerweile ist Meditation sehr intensiv auch von der westlich geprägten Wissenschaft untersucht worden, und wir möchten dir einige dieser Ergebnisse hier wiedergeben. All das sind Informationen, die deinen rationalen Geist ansprechen und ihn mit Futter versorgen. Die Fakten werden dir helfen, dich für deine eigene Praxis zu motivieren und besser zu verstehen, welche Hintergründe sie beeinflussen.

Fokus, geistige Fitness und Flexibilität

Meditation hilft uns, fokussiert zu sein und geistig flexibel zu bleiben oder wieder zu werden. Damit ist sie wie geschaffen für unsere heutige Zeit. In unserer modernen Welt werden wir mit Informationen geradezu überflutet. Auf allen Kanälen buhlen Werbung, Apps, Infoservices, News Feeds, Plakate, Radiosender, Anrufe, Podcasts, Videos, Fernsehen, Zeitungen, Textnachrichten, Google, Facebook, Instagram, Snapchat und unzählige andere um unsere Aufmerksamkeit. Wir sind den ganzen Tag damit beschäftigt zu filtern, was uns denn nun erreichen soll und was wir nicht brauchen. Das ist auf der einen Seite interessant, es gibt immer neue Dinge zu entdecken. Wenn wir den Filter allerdings verkehrt einstellen, wird auch unser Fokus unproduktiv.

Die Meldung »Mann ersticht schwangere Frau« ist natürlich schrecklich, allerdings hat sie für unser persönliches

Leben keinen Wert. Doch solche Nachrichten erreichen uns beinahe im Minutentakt. Wir wissen um solche Dinge, wir wissen, dass andauernd tragische Ereignisse um uns herum stattfinden. Dennoch bringt es nichts, sich das jeden Tag aufs Neue zu vergegenwärtigen. Es lenkt den Fokus auf die falschen Ereignisse, es bringt uns auf die falsche Frequenz.

Regelmäßige Meditation hilft dir, dein Unterbewusstsein keinesfalls auf diese Art von Negativität programmieren zu lassen. Denn die würde dich nur hemmen und verlangsamen. Zusätzlich würdest du wahrscheinlich ganz konkret Ermüdung und schlichtweg eine miesere Stimmung feststellen, wenn du alles ungefiltert auf dich einstürzen lässt. Wir beide filtern sehr genau, welche Informationen zu uns durchsickern dürfen. Die wichtigen Dinge bekommen wir über News Feeds und Google Alerts mit. Dann können wir uns immer noch entscheiden, was wir wann lesen wollen und was nicht.

Zusätzlich kannst du mit einer regelmäßigen Meditationspraxis deine Aufmerksamkeitsspanne verlängern. Das ist sehr lohnenswert, denn es vergrößert deine Leistungsfähigkeit immens. Das gilt nicht nur im Kontext der Arbeitswelt, es ermöglicht dir auch, deinem Partner, deiner Partnerin, deinen Kindern und anderen Mitmenschen wirkliche Aufmerksamkeit zu schenken.

Wenn unsere dreijährigen Kinder unbedingt die Baumwurzel auf dem Weg ansehen wollen, dann lassen wir sie und schauen sie ebenfalls an. Wenn unser Hund an einem Baum stehen bleibt, warten wir ebenfalls. Auch wenn wir eigentlich etwas ganz anderes vorhatten. Kinder sind die wahren Meister der Aufmerksamkeit für den jetzigen Moment. Und die meisten anderen Lebewesen auch. Nur wir (erwachsenen) Menschen scheinen es verlernt zu haben. Die Meditation ist deswegen ein echter Gewinn für uns. Mit etwas Praxis lassen wir uns nicht mehr andauernd wie irrlichtend ablenken. Wir greifen nicht mehr reflexartig zum Handy, reden nicht mehr zu viel und lassen lieber echte kreative Prozesse ablaufen und genießen unseren Geist.

Geistige Flexibilität hilft dir, jung zu bleiben. Dein Kopf und die Ansichten darin bleiben aktuell und frisch, du forderst dich noch. Das wirkt dem potenziellen Altersstarrsinn entgegen und erhöht die Qualität deiner Beziehungen und damit deine Lebensqualität enorm. Wir möchten nicht im Alter rumlaufen und den Leuten erzählen, dass wir jetzt Kreuzworträtsel lösen, um nicht zu vergreisen. Wir wollen das Leben bis zum Ende wirklich leben, mit allen Neuigkeiten und Herausforderungen.

Studien haben gezeigt, dass es geübten Meditierern besser gelingt, sich auf etwas zu konzentrieren. Sie bemerken schneller als untrainierte Menschen, wenn sie ihren Fokus verlieren. Die Aktivitätskurve im Gehirn steigt vor allen Dingen im präfrontalen Cortex an, das ist der Bereich, der uns überlegt und reflektiert handeln lässt. Zu den Vorgängen in deinem Gehirn gibt es im nächsten Kapitel noch sehr viele interessante Erkenntnisse.

Körpergefühl und Intuition

In unserem Alltag sind wir häufig von den Vorgängen in unserem Körper abgeschnitten. Wir kommen morgens nicht ohne Koffein und Zucker hoch, abends kommen wir ohne Rotwein oder Schlafpillen nicht wieder runter. Signale des Körpers werden entweder ignoriert oder fehlinterpretiert.

Aber dein Körper-Geist-System sendet dir ständig Nachrichten, in Form von Wahrnehmungen, Gefühlen, Körperempfindungen. Wenn wir ein gutes Verhältnis zwischen Körper und Geist etabliert haben, erzeugt das eine starke Intuition, die manchmal auch als Bauchgefühl beschrieben wird. Damit bist du in der Lage, verlässlich zu bewerten, ob etwas gut oder schlecht für dich ist. Und das eben nicht nur auf der Basis rationaler Argumente und Abwägungen, sondern anhand der tatsächlichen körperlichen Realität in diesem Moment.

Meditation, die sich auf Körperwahrnehmungen fokussiert, verbessert deine Intuition spürbar und schärft dieses Instrument für schnelle und gute Entscheidungen. Es ist ein Urinstinkt und ein wichtiger Wegweiser in deinem Leben, den du durch deine Meditationspraxis zurückerlangen kannst.

Emotionale Selbstregulation

Meditation hilft uns auch, die sich oft endlos wiederholenden Gedankenspiralen im Kopf aus der Distanz zu betrachten. Viele Menschen leiden unter den ewigen Grübeleien in ihrem Kopf, die sich oft in belastenden und nicht enden wollenden Zyklen wiederholen.

Meditation hilft uns, diese Kreisläufe aus der Entfernung zu betrachten und sie dabei in den Hintergrund treten zu lassen. Das »Im-Moment-Sein« holt die Blickrichtung aus der Vergangenheit und der Zukunft ins Jetzt zurück. Dadurch sinkt der emotionale Stress merkbar, und die verbleibenden Gedanken werden klarer und konstruktiver.

Verbesserte Stressresistenz

Stress ist einer der Haupteinflussfaktoren auf unsere Gesundheit, das haben wir bereits erwähnt. Das individuelle Erleben ist hierbei sehr unterschiedlich, tendenziell steigt aber die Zahl der Menschen, die den Anforderungen der Gesellschaft nicht mehr ungestresst gegenübertreten können.

Haben wir Stress, wird unter anderem das Stresshormon Cortisol vermehrt ausgeschüttet. Das ist sehr positiv, wenn wir in Lebensgefahr geraten und uns einer Situation durch Flucht entziehen müssen. Oder wenn wir uns einem Kampf auf Leben und Tod stellen müssen. Das passiert in unserer zivilisierten Welt aber äußerst selten. Dafür haben wir jeden Tag mit stressigen Chefs und Kollegen zu tun, das ist dann unsere »neue« Lebensgefahr. Aber sie hört einfach nicht auf. Wir können nicht kämpfen oder fliehen, sondern müssen »vernünftig« unseren Job machen. Die Gefahr ist einfach niemals vorbei. Unser System gerät dadurch in Dauerstress, der Körper agiert pausenlos so, als wären wir in Lebensgefahr, und das hat viele negative Auswirkungen auf unsere Gesundheit. Selbst das »Pling« einer eingehenden Kurznachricht kann schon zusätzlichen Stress in uns auslösen, sogar nur die Erwartung einer schlechten Nachricht reicht schon aus, um das System weiter zu destabilisieren. Um all dem entgegenzuwirken und unser System wieder auszubalancieren, hilft die regelmäßige Meditation nachgewiesenermaßen.

Intensive und gehaltvolle Einsichten über sich selbst

Du bekommst im Leben nicht das, was du dir wünschst, sondern das, was du zu verdienen glaubst. Wer diese vielleicht am Anfang nicht ganz leicht zu schluckende Wahrheit kapiert hat, wird sich gern mit seinen unbewussten Vorstellungen über sich selbst und die Welt beschäftigen. Denn sie bestimmen, wie unser Leben läuft, und mit einer regelmäßigen Meditationspraxis stoßen wir die Tür zu unserer Innenwelt auf, in der auch all unser Unbewusstes lagert.

Das ist ein sehr lohnenswerter Prozess, der dich im Leben weiterbringen kann. Du richtest deine Aufmerksamkeit auf wichtige Themen wie:

- Wo hat mich die Gesellschaft konditioniert, und ist das im Einklang mit meinem tieferen Selbst?
- Was habe ich alles co-kreiert, obwohl ich es gar nicht wollte?
- Wie wäre mein eigenes Verhalten wirklich, wenn ich ganz ich selbst wäre?

- Wo habe ich Komplexe?
- Was will ich eigentlich?
- Wo ist meine Aufmerksamkeit nur auf das Externe gerichtet, wo befriedige ich nur den Anspruch der anderen, statt meinen eigenen?

Die Antworten auf diese Fragen sind individuell verschieden, und der Prozess, sich ihnen zu stellen, ist sehr wertvoll. Die Erkenntnisse über dich selbst helfen dir dabei, dein eigenes kontraproduktives Verhalten erst zu identifizieren und dann abzustellen. Zugunsten von etwas, das dir das Leben ermöglicht, das du wirklich führen willst.

Meditation wirkt

Weitere positive Auswirkungen von Meditation, die als erwiesen gelten, sind zum Beispiel:

- Die Konzentrationsfähigkeit wird gesteigert.
- Der Blutdruck normalisiert sich.
- Die Schlafqualität wird verbessert.
- Chronische Schmerzen können gelindert werden.
- Posttraumatische Belastungsstörung ebenso.
- Angstzustände werden gemildert oder aufgelöst.
- Depressionen werden weniger oder aufgelöst.
- Zwangsstörungen werden gelindert oder ganz aufgelöst.

Meditation ganz praktisch

Es gibt nichts Mächtigeres als einen geübten Geist. Alles in deinem Leben beginnt mit den Gedanken. Athleten ebenso wie Rockstars bereiten ihren Geist vor. Zum Teil jahrelang. Ein großes Event, ein Wettkampf oder Konzert ist immer das Ende einer langen Vorbereitung und Einstimmung. Der Geist hat die Macht.

Denk an den Einlauf eines Boxers in die Arena. Er befindet sich in seiner eigenen Welt und ist total fokussiert. Den ganzen Trubel um ihn herum bekommt er gar nicht mit. Seine Entschlossenheit soll auf gar keinen Fall von den vielen Ablenkungen in der Halle zerfleddert werden. Für einen Sieg braucht er die Kraft des vorbereiteten Geistes.

Die Meditationsmethoden, die wir dir hier in diesem Buch nahebringen wollen, sind die Essenz unserer eigenen Meditationsarbeit. Die Prinzipien können auf alle möglichen Situationen in deinem Leben angewandt werden. Immer geht es darum, dass du deinen Geist und deine Aufmerksamkeit bewusst lenken kannst, in jeder Lebenslage.

Wir lernen in unserem Leben so viele Dinge, aber den Geist »aufzuräumen« und mit dem täglichen Chaos im eigenen Kopf umzugehen gehört nicht dazu. Wenn wir morgens in die Welt gehen, räumen wir unsere Wohnung auf, machen das Bett und stellen den Abwasch in den Geschirrspüler. Unseren Kopf räumen wir aber nicht auf. Wir gehen in die Welt, überwältigt von den eigenen Gefühlen der Angst, Überforderung, Einsamkeit oder Ablehnung, geprägt von Leistungsdruck, Gier nach Anerkennung oder Minderwertigkeit. Eine Meditationspraxis kann dir dabei helfen, mit diesen teilweise übermächtigen und selbstzerstörerischen Mustern angemessen umzugehen und dich immer wieder zu zentrieren. Und das, ohne dafür irgendwelche Substanzen einnehmen zu müssen.

Dein Geist (also du) wird lernen, die Stille in dir zu kultivieren und erst einmal richtig kennenzulernen. Dann kannst du sie auch über den Tag hinweg immer wieder finden. So wie wir beim Yoga beispielsweise eine aufrechte Körperhaltung in dein biomechanisches System installieren, die deinen Körper optimal funktionieren lässt, kannst du deinen Geist ebenfalls trainieren. Es ist am Anfang vielleicht anstrengend, dich auf deine innere Stille oder deinen Atem zu fokussieren, es geht aber immer leichter. Das eigentlich Anstrengende erlebst du nämlich ohne dieses Training, wenn du allen verrückten Gedanken in deinem Kopf versuchst zu folgen.

Hier ein Beispiel, live aus Dirks Geist an einem Nachmittag: »... Der Tank ist gleich leer. Ich habe Durst. Was ist mit Topic 4 aus der letzten Besprechung? Ich sitze unbequem. Der Artikel über das Bundesausbildungsförderungsgesetz war interessant. Liebt mich meine Frau? Soll ich Lotto spielen? In meiner Yogasequenz darf ich die dritte stehende Haltung nicht wieder vergessen. Bin ich ein Versager! War der Klempner im Studio Winterhude? Ist der Akku vom eBike aufgeladen? Ich bin der Größte! ...« Diese Sequenz war ein etwa zwei Minuten langes Feuerwerk der Gedanken. Kennst du so was auch von dir? Garantiert!

Mit unserer Praxis wirst du all diese Gedanken zwar nicht stoppen, aber du wirst eine angemessene Distanz zu ihnen herstellen, und so können sie dich nicht mehr sonderlich belasten. Es wird dir gelingen, einen stabileren Fokus auf die Sache, die du gerade tust, zu entwickeln. Deine innere Aufmerksamkeit ist der Schlüssel dazu.

Du wirst außerdem durch deine Erkenntnisse in der Meditation, die dich selbst betreffen, den »Grundton« deiner Gedanken identifizieren. Das können Ängste sein, die in einen übersteigerten Drang zur Kontrolle führen. Oder Komplexe, die in zwanghafter Geltungssucht enden. Oder Ohnmachtsgefühle, die dich permanent jammern lassen. Deine Realität entsteht in deinem Kopf, objektive Realitäten »da draußen« gibt es nicht. Jeder Mensch interpretiert Situationen unterschiedlich, manche werden durch schwierige Situationen oder gar traumatische Erlebnisse stärker, und andere gehen daran zugrunde. Es ist deine Entscheidung, das Ruder wieder in die Hand zu nehmen. Die Meditation, regelmäßig praktiziert, hilft dir dabei.

Grundlagen deiner Praxis

In diesem Buch stellen wir dir einige Meditationen vor, die du praktizieren kannst, dazu einige Reflexionen, die dir bei deiner Weiterentwicklung helfen, und es geht darum, wie du es schaffen kannst, in deinem Leben wirklich etwas zu verändern. Bevor wir in die Tiefe einsteigen, geben wir dir hier noch ein paar Hinweise, wie es am besten klappt, eine regelmäßige Routine bei der Meditationspraxis zu etablieren.

Wir empfehlen, die Meditation am Morgen zu machen, so dicht am Aufstehen wie möglich. Der erste Grund dafür ist, dass dein Geist morgens noch nicht den verschiedenen Ablenkungen des Tages ausgesetzt war. Das Wasser des inneren Sees ist noch ganz ruhig und unbewegt. Außerdem ist das Gehirn nach dem Schlafen noch in oder nahe an der Thetaphase (was das bedeutet, dazu kommen wir später), was für die Meditation sehr förderlich ist. Je weniger du vor der Meditation machst, umso besser. Also möglichst nicht erst Zähne putzen, Anziehen, Kaffee trinken, lieber sofort aufs Kissen. Aber das ist nur eine Empfehlung. Du kannst deine Meditation zu jedem anderen Zeitpunkt des Tages ebenfalls ausführen. Besonders wenn du kleine Kinder hast oder Schichtdienst, suchst du dir einfach den am besten passenden Zeitpunkt.

Kommen wir zum Meditationsplatz. Idealerweise ist es der immer gleiche Ort, der dir gefällt und der nicht zu laut ist. Das wäre die schönste Lösung. Wenn du zu Hause meditierst, richte dir ruhig einen schönen Platz extra dafür ein. Das ist aber nicht zwingend nötig, Meditation geht überall, mach sie nicht von irgendwelchem Zeugs (Sitzkissen, Zimmerspringbrunnen, Räucherstäbchen, Kerzen, Buddhastatue oder was auch immer) abhängig. Wenn du dich daran freust, gut, du solltest aber auch darauf verzichten können.

Das Nächste ist die Sitzposition. Die meisten Anfänger stellen sich vor, dass sie kerzengerade mit einem heiligen Mudra in den Fingern auf dem Boden sitzen müssen. Das geht und ist auch toll. Du wirst aber feststellen, dass es gar nicht so einfach ist, im Lotossitz aufrecht dazusitzen, wenn du es nicht gewöhnt bist. Deswegen kannst du jede Art von Sitzposition nutzen, egal ob auf der Couch, einem Stuhl, auf einem Kissen. Wichtig ist, dass du nicht nach drei Minuten schon solche Schmerzen hast, dass du an nichts anderes mehr denken kannst. Finde einfach eine bequeme Position für dich. Angelehnt oder nicht, Beine angezogen oder ausgestreckt, Hände auf den Beinen oder im Schoß. Du solltest schon versuchen, dich aufzurichten, aber dabei eben nicht verkrampfen. Dein Meditationssitz muss nicht perfekt sein, es geht um innere Veränderungen, nicht um irgendeinen heiligen Sitz.

Nützlich ist ein wie auch immer gearteter Timer. Es gibt gute Apps dafür, obwohl wir nicht unbedingt empfehlen, ein Mobiltelefon beim Meditieren dabeizuhaben.

Unsere EEE-Meditation

Wir empfehlen dir, mit unserer EEE-Methode zu praktizieren. Sie besteht aus drei Schritten – jeder steht für ein E –, und du kannst alle weiteren Meditationstechniken aus diesem Buch damit kombinieren. Wenn du diese Methode nutzt, stell deinen Timer so ein, dass er alle fünf, zehn oder fünfzehn Minuten gongt (oder welches Geräusch auch immer er macht). Anfangs wirst du vielleicht etwas kürzer meditieren und die Zeit allmählich steigern wollen.

Wenn du EEE nutzt, hat deine Session jedes Mal drei Phasen. Die erste und dritte Phase sind immer gleich, die zweite variiert.

Das erste E: Einstimmung

Nachdem du deine Sitzposition gefunden hast, schließ die Augen, und beginne, dich auf deine Innenwelt zu fokussieren. Nimm dazu ein paar Atemzüge, um ganz bewusst in diesem Raum anzukommen. Schau innerlich auf deinen Atem. Nimm deinen Körper wahr. Hörst du Geräusche? Fühlst du deinen Sitz? Wenn du Verkrampfungen im Körper spürst, versuche sie zu lösen.

Nimm einfach wahr, was in deinem Bewusstsein auftaucht. Du wirst weiterhin Gedanken am Rande bemerken, allerdings ist es so ähnlich wie im Kino: Deine primäre Aufmerksamkeit ist auf der Leinwand. Obwohl du am Rande wahrnimmst, dass im Saal noch viele andere Menschen sitzen und dort hinten ein grünes Notausgangslicht an ist, verfolgst du den Film. Und dieser Film spielt bei der Meditation in deinem Inneren.

Mit diesem ersten Teil stimmst du dich jeweils auf die Meditation ein. Wenn der Gong nach zehn Minuten ertönt, gehst du zum zweiten E.

Das zweite E: Erkenntnis

In dieser Phase praktizierst du eine der Meditationen aus diesem Buch – es gibt eine am Ende von fast jedem Hauptkapitel. Wähle dir vorher eine aus, und die praktizierst du jetzt in der zweiten Phase, bis dein Gong erneut ertönt. (Natürlich kannst du die einzelnen Meditationen im Buch auch für sich praktizieren, also ohne die drei E.)

Das dritte E: Entspannung

Nun kannst du deinen Geist wieder in seinen Normalzustand zurückkehren lassen. Dazu ist es gut, eine kurze Übergangsphase einzubauen, in der Regel zwei bis drei Minuten: die Phase des dritten E. Du kannst jetzt alle Kontrolle und Lenkung deines Geistes vollständig loslassen und dich wieder auf die Zeit nach der Meditation einstellen. Mit dieser Phase fällt es dir leichter, den Übergang ins normale Alltagsleben zu vollziehen.

Leben mit einem Guru

Ich (Dirk) möchte dir an dieser Stelle von einer Meditationswoche mit einem Guru berichten, die ich vor einigen Jahren erlebte.

Anreise

Ich fliege von Hamburg nach Paris. Von dort weiter an die französische Mittelmeerküste. Im Flugzeug sitzen sportliche Mittvierziger im blauen Polohemd, mit weißen Turnschuhen und ihren dünnen Frauen. Pariser, die sich ein Wochenende am Meer gönnen. Meine Mission ist allerdings eine andere. Ich reise zu einem spirituellen Lehrer, der mich eine Woche lang eins zu eins in seinen Techniken unterweisen wird. Ab jetzt werde ich ihn Meister nennen.

Vorbereitet habe ich mich auf diese Woche nicht. Freunde haben mir diesen Lehrer empfohlen. Sie haben mir seine Handynummer und seine Adresse gegeben. Am liebsten hat es der Meister, wenn man ihm einen Brief schreibt, meinten sie. Das dauerte mir aber zu lange, und ich schickte ihm statt-dessen eine SMS: »Lieber Meister, ich heiße Dirk und möchte ein besserer Mensch und ein besserer Vater werden. Kann ich Ihr Schüler sein? Gruß, Dirk.«

Zwei Tage lang passierte nichts, dann antwortete er und machte einen Terminvorschlag für eine Woche. Ich sagte Ja. Ich war drin.

Mehr weiß ich nicht über ihn.

Das Flugzeug landet auf einem Flughafen, auf dem man zu Fuß über das Flugfeld läuft, wenn man ausgestiegen ist. All die Tennis-Outfits um mich herum passen perfekt ins Bild, Palmen im Hintergrund und Fahrstuhlmusik am Gepäckband.

Der Meister und seine Frau erwarten mich und laden mich in ihren Bus. Wir müssen noch dreißig Kilometer land-einwärts in die Berge. Ich werde nicht so gern gefahren, ich mach das lieber selbst. Hier weiß ich besonders, warum. Auf der Landstraße vor uns steht mitten auf der Fahrbahn ein Auto mit Warndreieck davor.

Der Meister hält ungerührt darauf zu, ohne mit der Wimper zu zucken. Oder mit dem Gasfuß.

Seine Frau meint kurz vor dem Warndreieck: Oh, Vorsicht.

Der Meister verringert die Geschwindigkeit kein bisschen und fährt mit hundert Stundenkilometern mit zweieinhalb Zentimetern Abstand am anderen Auto vorbei. Seine Frau meint lapidar, das wäre ja nun auch wirklich schwer zu erkennen gewesen.

Ich hoffe, wir fahren nicht so oft Auto. Und wenn ja, werde ich anbieten, selbst zu fahren. Als Geschenk vielleicht.

Tag 1

Ich gehe zum Meister in seine Hütte, es ist 9.15 Uhr. Der Tag beginnt um 9.30 Uhr, ich freue mich sehr darüber, dass es nicht mitten in der Nacht ist.

Die Außenwelt mit all ihren Ereignissen hält mich fest im Griff. Ich habe schon geduscht, gefrühstückt, zwei Stunden lang E-Mails bearbeitet, meinen Koffer ausgepackt und mit meiner Familie telefoniert. Um Punkt 9.29 Uhr läute ich die Glocke vor der Hütte und trete ein. Das ist Vorschrift.

Hütte ist allerdings untertrieben, es ist ein kleines Haus, an den Berg gebaut. Die Fensterfront öffnet sich über ein bewaldetes Tal, der Blick ist unbeschreiblich. Ich staune, und in dem Moment, in dem ich die Hütte betrete, spüre ich, dass ich innerlich entspanne. Der Meister ist zweiundachtzig und hat einen gütigen Gesichtsausdruck. Er fängt an, mir zu erklären, was die nächsten Tage passieren wird. Er hat kein oranges Gewand an, sondern Outdoorhosen und ein T-Shirt.

Ab jetzt sitze ich regungslos da. Und empfinde eine ungeheure innere Ruhe, die langsam immer mehr von mir Besitz ergreift. Ich muss nichts machen, und es läuft trotzdem. Mein Sein hört, nicht mein Verstand. Den ganzen Tag geht das so weiter, ich bin im Aufnahmemodus, und der Meister redet. Von Techniken, Meditationen, Göttern, Politik, Menschsein und dem normalen Leben.

Es ist keine Sekunde langweilig, ich bin innerlich begeistert. Meine Innenwelt fängt an, sich zu ordnen.

Tag 2

Wieder 9.29 Uhr, wieder läute ich die Glocke und gehe zur Hütte hinab. Der Meister ist schon da und begrüßt mich freundlich. Heute habe ich ihm ein Geschenk mitgebracht, ein kleiner Blumenstrauß vom Wegesrand. Ich hab sonst nichts, ich bin mit Handgepäck angereist. Und im Dorf, in dem ich wohne, gibt es keinen Laden. Nur sechsundfünfzig andere Einwohner und viele Katzen. Der Meister hat mir bis jetzt bei jeder unserer Sessions ein Geschenk gemacht: Kräuter aus dem riesigen Garten, zum Kochen und Räuchern. Ich kenne es noch aus Kampfsport-Dojos, dass die Meister auch gern ein Geschenk bekommen. Es geht dabei nur um die Geste.

Heute Nachmittag werde ich in eine zweiundsiebzigstündige Isolation gehen, in eine kleine Hütte am Berg, ohne WC, mit einem Bett, Gaskocher und Quellwasser von draußen. Zu essen gibt es nur Nüsse und Trockenfrüchte, drei Tage lang.

Jetzt bereitet mich der Meister darauf vor, was ich dort tun soll. Er nennt es »arbeiten«. Ich soll fünf verschiedene »Arbeiten« ausführen, immer eine Viertelstunde lang, und dann eine Viertelstunde Pause. In der Hauptsache sind es Meditationen und Atemübungen. Die genauen Inhalte sind auf mich persönlich zugeschnitten. Die erzähl ich dir, wenn wir uns mal besser kennen. Das Ganze geht ohne Unterbrechung, schlafen ausgenommen. Der Meister meint, wenn wir meinen Energiefluss gut in Gang kriegen, ist alles mühelos, und ich werde noch nicht mal müde sein. Klingt doch alles ganz einfach. Fünfzehn Minuten arbeiten, fünfzehn Minuten frei.

Tag 3

Gestern Nachmittag bin ich in meine Hütte eingezogen. Ich finde alles fantastisch, ich habe gut geschlafen, mampfe Nüsse zum Frühstück und trinke grünen Tee, das ist neben Wasser das Einzige, was erlaubt ist.

Ich habe mich entschieden, die »Arbeiten« auf dem Flachdach der Hütte in der Sonne auszuführen. Dafür hab ich meinen Meditationstimer, was zum Draufsitzen und getrocknete Kräuter samt einem Sturmfeuerzeug mitgebracht. Der Meister meint, die Luft hat keine Löcher, und manchmal muss man auch sie reinigen, mit Kräutern eben.

Ich freu mich schon, ich kenne das aus dem Himalaja, außerdem kokele ich gern. Das Kraut ist aber noch nicht trocken genug, ich spiele mindestens eine halbe Stunde damit rum, bis ein Windstoß kommt und die glühende Asche in meinem Umfeld verteilt. Ich brenne nicht nur Löcher in meine Meditationsdecke, sondern muss auch noch aufpassen, dass ich das knochentrockene Spätsommerholz nicht in Brand stecke und einen Waldbrand verursache.

Dann beginne ich mit meiner ersten »Arbeit«. Zuerst dauert es, bis ich meinen Rhythmus finde. Im Laufe des Tages wird es besser, ich fange an, das Alleinsein und die Stille der Natur zu genießen. Ich fühle, dass allein das einen heilenden und beruhigenden Effekt hat. Selbst wenn ich jetzt aufhören würde. Ich denke aber gar nicht daran und mache weiter bis 21 Uhr. Die Übungen bringen mich zurück in den Himalaja, wo ich meine ersten wirklich starken Meditationserfahrungen gemacht habe.

Diese Nacht ist irgendein spezieller Vollmond, das soll beim Transformieren helfen. Ich träume ein ungeheures Zeug, alles durcheinander, wache nachts auf, notiere mir die Träume und lege mich wieder hin.

Tag 4

Ich wache auf. Es ist schon hell, und ich fühle mich wie gerädert. Der Honeymoon ist vorbei, jetzt bekommen meine »Arbeiten« den Charakter, den der Name verspricht. Mechanisch putze ich mir die Zähne und frühstücke. Ich merke, wie ich die Zeit hinauszögere und vor dem Beginn meiner Praxis unsinnigen Kram mache. Jetzt bloß nichts schleifen lassen, sondern im Fluss bleiben. Also gehe ich wieder aufs Dach und fange an. Es läuft viel besser als am Tag vorher, ich verbringe den Tag wie in Trance.

Es wird 20.30 Uhr, und ich höre auf. Mein Geist schwingt seltsam abgekoppelt von allem, ruhig und gelassen. Die Erkenntnisse über mich selbst, in dieser einfachen und reizarmen Umgebung, sind alle Mühe wert. Ich bin meiner Essenz, dem unveränderbaren Kern, ein Stückchen näher gekommen.

Jetzt feiere ich meinen Erfolg mit … Nüssen und grünem Tee.

Tag 5

Der Meister und ich fahren in seinem Bus in Richtung Meer. Er fragt mich, wie ich die Tage in der Einsamkeit und mit mir selbst erlebt habe. Ich antworte wahrheitsgemäß, was ich alles gesehen habe und wie ich mit mir selbst klargekommen bin. Er kommentiert ... nichts. Sagt nur »Hmm«, »Aha«.

Meine Empfindungen und Erkenntnisse scheinen ihn nicht sonderlich zu beeindrucken. Vielleicht gibt es aber auch einfach nichts zu kommentieren. Die Erfahrung steht für sich allein und ist wohl auch höchst individuell. In jedem Fall gibt es nichts zu bewerten, und irgendwie entspannt mich das. Während ich das alles erzähle, durchlebe ich es noch einmal, diesmal aber, während ich aufs Mittelmeer schaue. Es ist wie Wiederkäuen und gehört zum Konzept, rate ich.

Tag 6

Der letzte Tag, ich habe morgens die Gelegenheit, Fragen zu stellen. Mir liegt ein Thema aus der Familie am Herzen, und ich stelle meine Frage. Der Meister antwortet mit einer zweistündigen Rede. Sie hilft mir sehr, und ich beschließe während dieser Zeit, noch einmal wiederzukommen. In einem Jahr vielleicht. Ich habe sehr viel Input bekommen und muss all die »Arbeiten« erst mal in meinen Alltag integrieren. Das wird Zeit brauchen, die Außenwelt lauert schon, um wieder an mir zu zerren. Ich spüre förmlich, wie sie durch mein Telefon zu mir kriecht, E-Mails laufen auf, Sachen müssen entschieden werden, Rechnungen bezahlt und so weiter.

Ich habe mich seit drei Tagen nicht richtig bewegt, deshalb gehe ich in der Mittagspause auf eine ausgedehnte

Wandertour in die Berge. Selten habe ich ein so intensives Naturempfinden verspürt wie auf dieser Wanderung.

Einen Monat später

Ich schaffe es, meine dreißigminütigen Aufgaben an sechs von sieben Tagen zu realisieren. Die Woche klingt nach, ich habe immer noch eine eigentümlich ruhige Schwingung im Inneren.

Mein Fokus ist laserscharf, bei der Arbeit, in Gesprächen und in meiner Freizeit. Das Ganze geht ohne Anstrengung, ich habe das Gefühl, als wäre mein »Empfänger« wieder neu kalibriert. Ich ermüde kaum und fühle mich vor allem viel klarer.

Training fürs Gehirn

Dein Gehirn ist faszinierend. Es ist eine eigene Welt in deinem Kopf, etwa anderthalb Kilo schwer. In ihr befinden sich 80 bis 100 Milliarden Nervenzellen. Diese haben durch ihre Vernetzung eine Kapazität von ungefähr 10 hoch 15 Bytes – das ist eine Quadrillion – und sie wäre ausreichend, um das gesamte Internet darin abzuspeichern. Außerdem produziert dein Gehirn ausreichend Strom, um eine kleine LED permanent leuchten zu lassen: 15 bis 25 Watt. Die Blutgefäße in deinem Gehirn können eine Länge von etwa 600 Kilometern erreichen.

Es ist also ein ungeheures Potenzial, das dir zur Verfügung steht. Und du benutzt auch nicht nur 10 Prozent deines Gehirns, wie manche sagen. Das ist ein Mythos. Es sind beinahe alle Bereiche fast immer aktiv. Besonders im Schlaf arbeitet das Gehirn und ruht nicht.

Gefühlt nutzen wir unser Gehirn vor allem zum Denken, denn pro Tag gehen uns ungefähr 50 000 Gedanken durch den Kopf. Die meisten davon sind allerdings immer die gleichen – hier schränken wir unser Potenzial schon ein.

Dein Gehirn ist nicht besonders stabil, es ist in seiner Konsistenz mehr wie Tofu oder Gelatine. Um seine Struktur vor Erschütterungen zu schützen, schwimmt es in der sogenannten Zerebrospinalflüssigkeit (auch Liquor genannt). Davon produziert dein Gehirn täglich einen halben Becher.

Selbst wenn dir durch eine Operation eine ganze Hälfte deines Gehirns weggenommen würde, ist die Wahrscheinlichkeit gegeben, dass du kaum Einschränkungen verspüren würdest. Solche erstaunlichen Erfahrungen sind dokumentiert und haben Patienten wie Chirurgen gleichermaßen verblüfft. Auf der anderen Seite können Hirnverletzungen oder auch Schlaganfälle, bei denen Teile des Gehirns für eine Zeit nicht mehr durchblutet werden, massive Einschränkungen in unseren geistigen und körperlichen Fähigkeiten bedeuten. Insgesamt aber ist das Gehirn extrem anpassungsfähig und verändert sich über unser Leben hinweg gewissermaßen täglich neu. Es gestaltet sich immer genau so, wie wir es benutzen. Man spricht hier von Neuroplastizität. Und genau die machen wir uns in der Meditation zunutze. Wir verwandeln unser Gehirn in einer Weise, die uns ein fokussiertes und erfülltes Leben ermöglicht.

Egal, wie alt du bist, dein Gehirn baut sich bis zum letzten Tag deines Lebens um, es reagiert auf deinen Lebensstil. Wenn du den veränderst, verändert es sich auch und befördert dann genau diesen neuen Lebensstil. So hält dich die Neuroplastizität jung und agil, wenn du sie entsprechend nutzt.

Wir hoffen, du bist jetzt angemessen beeindruckt von dir selbst. Das ganze Internet!!

Unglaublich flexibel

Unser Gehirn kann aus seinen Erfahrungen unfassbar viel zu dem hinzufügen, was wir tatsächlich wahrnehmen. Mach dir das mal bewusst, indem du den folgenden Satz liest:

Aslo, ncah den nuetesen Fuschrongsergebegnissn ist die Pisotion der Wrote und Bahcstuenbn gar nihct so wtichig.

War gar nicht schwer, oder? Die Positionen der Buchstaben in einem Wort sind offenbar gar nicht so wichtig, solange nur der erste und der letzte Buchstabe an der richtigen Stelle stehen. Dein Gehirn fügt das Ganze automatisch zusammen.

Der Aufbau deines Gehirns

Das hier ist natürlich kein Anatomiebuch, und das soll es auch gar nicht sein. Trotzdem ist es interessant zu erfahren, wie das Gehirn aufgebaut ist. Ob deine Persönlichkeit dort wirklich und ausschließlich beheimatet ist, bezweifeln wir. Gehen wir also zu den unbestrittenen Fakten.

Das Gehirn ist in einzelne funktionelle Einheiten unterteilt. Mit Gehirnscans kann man diese unterschiedlichen Bereiche untersuchen und ihre Aktivitäten messen. Entwicklungsgeschichtlich sind sie an verschiedene Stadien unserer menschlichen Evolution geknüpft. Wir sind heute die aktuelle Ausbaustufe in einem nicht endenden Prozess. Interessanterweise nimmt die tatsächliche Gehirnmasse des Homo sapiens tendenziell ab, wenn auch nur minimal. In den letzten 20 000 Jahren ist sie um etwa 150 Gramm geschrumpft, haben Untersuchungen gezeigt. Einige Anthropologen vermuten, dass der Grund dafür darin liegt, dass wir in dieser Zeit in den Ackerbau gewechselt haben, dabei sesshaft wurden und demzufolge weniger Problemlösungskompetenz gebraucht haben. Ein ganz so großes Gehirn war offenbar nicht mehr nötig – so dieser Ansatz.

Wie also ist das mit dem Gehirn, das wir aktuell zur Verfügung haben? Es ist die Steuerzentrale für deinen gesamten Körper und lenkt alle Prozesse, die sich dort abspielen. Es erzeugt sinnvolles Verhalten und koordiniert und kontrolliert alle Organfunktionen. Außerdem verarbeitet es sämtliche Informationen aus der Umwelt und unserem eigenen Körper, Sinneseindrücke, hormonelle Botschaften und unsagbar vieles mehr.

In Form von Impulsen sendet es Antworten nach der Reizverarbeitung wieder zurück ins System. Es sagt, dass Drüsen Sekrete produzieren sollen, Muskeln sollen kontrahieren und Bewegung erzeugen, und Hände und Füße sollen äußere Reize beantworten.

Genau betrachtet besteht das Gehirn aus einem Geflecht von Nervenzellen. Diese Neuronen sind engmaschig miteinander verbunden und bilden durch ihre Vernetzung die unglaublichen Kapazitäten, die wir schon beschrieben haben. Die Verbindungen oder Kontaktstellen zwischen den Nervenzellen sind die Synapsen. Diese ganze Struktur wird durch sogenannte Neuroglia-Zellen zusammengehalten.

Diese Zellen sind sogar noch zahlreicher im Gehirn zu finden als die eigentlichen Neuronen. Sie helfen neben der Strukturgebung dabei, die Neuronen zu ernähren.

Der Hirnstamm

Der Hirnstamm ist der älteste Teil unseres Gehirns und leitet praktisch unser »Betriebssystem«. Alle essenziellen Funktionen werden hier automatisch und reflexhaft ausgeführt, ohne dass wir einen Gedanken daran verschwenden müssten. Dazu gehören die Steuerung unserer Herzfrequenz, die Atmung, der Blutdruck, der Lidschlussreflex, auch die Schlaf- und Traumphasen werden hier kontrolliert.

Normalerweise ist es uns unmöglich, diese festgelegten Abläufe willentlich zu beeinflussen. Wir können uns beispielsweise nicht selbst erwürgen oder das Wachstum unserer Haare stoppen. Yogis, Kampfkünstler und andere Praktizierende aus spirituellen Disziplinen schaffen es aber immer wieder, die scheinbar festgefügten Mechanismen zu umgehen und bewusst steuernd einzugreifen. Diese Menschen verlangsamen beispielsweise den Herzschlag oder machen sich für Sinneseindrücke wie Kälte immun und stellen damit automatische Reflexe ab. Daraus können wir schlussfolgern, dass Meditation und andere Praktiken, die den Geist schulen, einen sehr viel tieferen Einfluss auf unser Gehirn haben können, als wir heutzutage glauben.

Physisch betrachtet liegt der Hirnstamm zwischen dem Rückenmark und dem restlichen Gehirn in der

Schädelbasis. Die Informationen aus den Körperhälften werden dort über Kreuz weitergeleitet, deswegen ist die linke Gehirnhälfte für die rechte Körperseite zuständig und umgekehrt.

Das limbische System

Das limbische System ist eine Einheit aus verschiedenen Komponenten, die über dem Hirnstamm angeordnet und für unterschiedliche Funktionen verantwortlich sind. Dazu gehört beispielsweise der Hippocampus. Dort liegt im Wesentlichen unser Gedächtnis Und im Hippocampus gibt es »Ortszellen«, die melden, wo man gerade ist. Tiere, die einen guten Orientierungssinn benötigen (beispielsweise Eichhörnchen, die ihr Fressen für den Winter verstecken), haben einen vergrößerten Hippocampus. Das gilt auch für Menschen, die außergewöhnlich viel im Kopf behalten müssen. Londoner Taxifahrer beispielsweise haben mehr Gehirnzellen in diesem Bereich als andere, da sie sich – selbst noch in Zeiten von Navigationssystemen – Tausende von Straßen und Plätzen ihrer Stadt merken müssen. Das hat eine neurowissenschaftliche Untersuchung herausgefunden.

Der Hippocampus verarbeitet außerdem Sinneseindrücke von außen und entscheidet, ob sie ins Langzeit- oder Kurzzeitgedächtnis aufgenommen werden. Er erkennt, ob eine Erinnerung bereits vorhanden ist oder ob ein neuer Gedächtnisstrang gelegt werden muss. Bei häufigen Wiederholungen verfestigt sich die Erinnerung, auch wenn bei jedem Abruf winzige Veränderungen auftreten. Jeder, der seit zwanzig Jahren dieselbe Geschichte erzählt, weiß, dass sie sich irgendwie verändert.

Anhand des Hippocampus erklärt sich auch, warum Wiederholung so wichtig ist, um stabile Lernerfahrungen zu machen. Das intellektuelle Verständnis steht nur im ersten Durchgang im Vordergrund, um zu bewerten, ob die jeweilige Information für uns überhaupt nützlich ist. Durch Repetition wird sie dann verfestigt. Deswegen hören Kinder die gleiche Märchengeschichte auch fünfhundertmal. Sie lernen das, was sie für ihr Leben darin finden können, ganz intensiv. Die Kinder sind in den verschiedenen Wiederholungen alles, mal die Prinzessin, mal der Bär, mal der Bösewicht, mal der Held, sie erfahren dabei alle Dimensionen.

Für uns heißt das: Wir sollten bis ans Lebensende immer weitermeditieren. Mit ein paar Mal ist es nicht getan. Vielmehr vertieft und erweitert sich die Erfahrung über die Zeit immer mehr – und damit werden auch die positiven Effekte immer größer.

Um all seinen wechselnden Anforderungen gerecht zu werden, hat diese Hirnregion ein sehr hohes Maß an Plastizität. Das bedeutet, dass die Fähigkeit, sich umzubauen und anzupassen, immens groß ist. Der Hippocampus ist damit so flexibel wie kaum ein anderes Areal im Gehirn.

Von diesem Gehirnareal gibt es eine starke direkte Verbindung zur Amygdala, die ebenfalls zum limbischen System gezählt wird. Sie wird auch Mandelkern genannt, denn sie sieht so ähnlich aus. Hier geht es um Emotionen, speziell ist sie das »Furcht- und Angstzentrum«. Beide Elemente zusammen, der Hippocampus und die Amygdala, bilden eine Art emotionales Gedächtnis. Wenn wir an einen Ort zurückkehren, wo wir einmal etwas Traumatisierendes erlebt haben, kommen die Emotionen wieder hoch, und es werden vielleicht sogar körperliche Reaktionen ausgelöst. Erweiterte Pupillen, Zittern, Schwitzen und Verspannung können dazu gehören. Die Amygdala schützt uns aber auch, indem sie reflexhafte Reaktionen auslöst, über die wir nicht erst nachdenken müssen. Wenn wir nachts einen Schatten sehen, sind wir in erhöhter Alarmbereitschaft und dösen nicht mehr vor uns hin. Es reicht eine skizzenhafte Wahrnehmung, die uns blitzschnell und ohne vorherige kognitive Verarbeitung reagieren lässt. Der visuelle Eindruck einer Schlange vor uns auf dem Weg oder ein Geräusch, als wäre jemand mit schweren Schritten hinter uns, reichen aus. Gut, wenn wir dann bemerken, dass niemand hinter uns ist und die vermeintliche Schlange nur ein Schatten war. Doch wir waren reaktionsfähig, bevor wir eine kognitive Beurteilung hätten machen können. Insgesamt strebt unser System immer an, das Erregungslevel möglichst gering zu halten. Denn wer möchte schon ständig panisch sein? Außerdem spart unser Gehirn gern Energie, denn in früheren Zeiten, in denen es noch keine gut gefüllten Kühlschränke gab, war nicht sicher, wann es wieder etwas zu essen gibt.

Interessanterweise gibt es zwei Kategorien von Angst. Die »erlernte« Angst ist die, die wir von unseren Artgenossen übernehmen. Ein lebenswichtiger Vorgang im Stamm. Wir lernen von klein auf: Wenn wir diese oder jene Geräusche hören, bedeutet das, dass wir schnell wegrennen müssen, um nicht gefressen zu werden. (Dieser Mechanismus funktioniert übrigens auch im Büro.) Diese erlernte Angst ist bei den einzelnen Individuen oftmals unterschiedlich ausgeprägt, wovor der eine Angst hat, ist jemand anderem relativ egal.

Die zweite Kategorie ist die angeborene Angst. Sie wird von Generation zu Generation biologisch und auch energetisch weitergegeben. Hierzu gehört zum Beispiel das Zurückschrecken vor einem Abgrund.

Gerade die Zusammenhänge des limbischen Systems begegnen uns, wenn wir ernsthaft mit dem Meditieren beginnen. Denn dabei treffen wir natürlich auch auf unsere Ängste und die unterschiedlichsten Gefühle und Erinnerungen. Die regelmäßige Praxis führt auch hier zu einer vermehrten grundlegenden Entspannung und einer neuen Ordnung im System.

Der präfrontale Cortex

Der präfrontale Cortex sitzt im vorderen oberen Bereich des Gehirns. Er ist zuständig für reflektiertes Denken und planvolles Handeln, also für das Gegenteil von Impulshaftigkeit. Zu seinen Funktionsbereichen gehören unter anderem das Lösen von Problemen, auch mithilfe von vorher gemachten Erfahrungen. Hier werden Konsequenzen des eigenen Handelns überdacht und künftige Aktionen geplant. Viele Forscher sehen hier den Sitz der Persönlichkeit.

Das könnte auch bedeuten, dass unsere Weisheit hier zu Hause ist und die Essenz all unserer bislang gemachten

Erfahrungen. In dem Punkt zwischen den Augenbrauen sehen viele Traditionen das sogenannte Dritte Auge als Symbol von tiefem Wissen. Der präfrontale Cortex liegt direkt dahinter. Es braucht bis zu fünfundzwanzig Jahre, bis er vollständig ausgereift ist. Es ist der entwicklungsgeschichtlich »neueste« Teil des Gehirns. Hier wird auch die gerichtete Aufmerksamkeit entwickelt, ein Aspekt, den wir in der Meditation trainieren.

Wie wirkt Meditation auf das Gehirn?

Dein Gehirn unterliegt einer ständigen Veränderung. Wie übrigens der Rest deines Körpers auch. In der Regel wird das Körper-Geist-System immer besser in dem, was es tut. Doch die eingehenden Reize bestimmen dabei zu einem sehr großen Teil, wohin diese Entwicklung verläuft. Ob sie rückwärts- oder vorwärtsgeht.

Im motorischen Bereich ist die Bewegungsarmut des westlichen Lebensstils eine Ursache für viele Probleme. Hier scheinen wir uns eher zurückzubewegen. Die Lebensgewohnheiten und alle möglichen Einflüsse von außen bringen das mit sich. Außer wir steuern von innen heraus aktiv dagegen an. Diese Möglichkeit haben wir natürlich, und wenn du etwas an deiner eigenen Bewegungsarmut verändern möchtest (oder musst), empfehlen wir dir unsere Bücher zur Yoga- und Bewegungspraxis (*Männeryoga*, *Faszientraining mit Yin Yoga*, *Yoga für dein Leben*). Dort findest du viele spannende Informationen und praktische Inspirationen zu diesem Thema.

Im Bereich des Geistes ist die Meditation das beste Training. Der Geist ist in gewisser Weise auch vergleichbar mit einem Muskel, der schwächer wird, wenn man ihn nicht trainiert. Er reagiert mit »Superkompensation« auf die eingehende Belastung und wird dann graduell immer stärker. Wenn du mit dem Training aufhörst, geht es wieder rückwärts. Das illustriert zwei wichtige Inhalte der Praxis:

1. Du musst regelmäßig üben, damit die Entwicklung weiter voran- und nicht zurückgeht.
2. Dein Geist und dein Gehirn sind durch dich beeinflussbar und trainierbar. Nichts ist festgelegt, wie wir das so gern glauben, es gibt keinen Determinismus. Lebenslang kannst du dein Gehirn und damit auch dein Leben verändern.

Wir haben die beinahe vollständige Gestaltungshoheit über unsere Persönlichkeit, unsere Vorlieben und unser Leben. Das erfordert aber eben Praxis und etwas Mut. Einfacher ist es, sich mit Alkohol, Drogen und Medien zu betäuben und darüber zu jammern, dass nichts vorangeht.

Aber du bist ja motiviert, es in Angriff zu nehmen, deswegen gucken wir uns jetzt an, was mit deinem Gehirn in ein paar Wochen passieren wird, wenn du mit den Meditationen aus diesem Buch beginnst.

Eine Studie hat gezeigt, dass die graue Substanz in bestimmen Gehirnarealen signifikant zu- bzw. abnimmt, wenn eine Meditationspraxis ins Spiel kommt. Nach acht Wochen Praxis mit einer Dauer von einer Dreiviertelstunde täglich wurde festgestellt, dass die Dichte der Nervenzellen beachtlich zunahm. Im Hippocampus zum Beispiel zeigte sich diese Reaktion und ging mit einem erheblich verminderten subjektiven Stressempfinden der Versuchspersonen einher. Im »Furcht- und Angstzentrum«, der Amygdala, wiederum nahm die Dichte der Nervenzellen ab. Bei Angstpatienten konnte durch Meditation sogar die Schwere der Symptomatik vermindert werden.

Meditation hilft uns außerdem, mehr zu leisten. Für viele Traditionalisten und Menschen, die sich in der Meditation entspannen wollen, klingt das provokativ. Die Leistungsmentalität ist ja etwas, dem wir als Meditierende Auf Wiedersehen sagen wollen. Uns geht es aber darum, ein erfülltes Leben zu führen, und nicht darum, in der Meditation selbst immer besser zu werden. Diese soll in unserem Alltag eine positive Wirkung entfalten. Und dazu gehört auch, dass wir in der Lage sind, gelassen das zu leisten, was wir leisten wollen oder auch müssen.

Es hat schon seinen Grund, dass Klöster gern auf einer Bergspitze stehen. Die Mönche dort wollen in Kontemplation gehen, sich in Askese von der Welt zurückziehen und die Tiefen des eigenen Geistes erforschen. Das ist eine tolle Sache, aber die meisten von uns können und wollen das nicht, sie wollen Kinder haben und in den Urlaub fahren. Sie wollen einer Arbeit nachgehen, die ihnen einen Sinn gibt und in der sie ihre Fähigkeiten erproben können. Und sie wollen bei alldem gut gelaunt und gesund sein und die Herausforderungen des Lebens meistern. Das ist es, was wir hier üben. Und wir sind mit diesen Vorstellungen genau richtig bei der Meditation. All das kann sie uns geben, wenn wir sie zeitgemäß anwenden.

Auch Fähigkeiten wie eine schärfere Aufmerksamkeit werden zum Beispiel durch die Meditation entwickelt. Bereits 2007 hat eine dreimonatige Studie gezeigt, dass wir versteckte Ziffern in Zahlenreihen nach einer regelmäßigen Mediationspraxis schneller erkennen können als davor.

Das Gehirn ist also tatsächlich in der Lage, sich zu verändern. Wenn wir mit der Meditation beginnen, ist das genauso, als würden wir eine neue Sportart erlernen oder anfangen, Klavier zu spielen. Viele Leute sagen, dass Joggen oder ein anderer Sport ihre Meditation sind. Oder das Gassigehen mit dem Hund. Das wäre schön, wenn das ginge, es funktioniert aber nicht. Wenn wir laufen, laufen wir, wenn wir Gassi gehen, gehen wir Gassi. Und natürlich kommen uns dabei andere Gedanken als im Büro, und der momentane Stress verschwindet bestenfalls auch. Es ist aber kein Geistestraining in dem Sinne, wie wir es bei der Meditation tun. Wenn man deren Effekte haben will, kommt man um die Praxis nicht herum. Genauso wenig können wir umgedreht mithilfe der Meditation die Zeit auf unserer Joggingstrecke verbessern. Es sind zwei verschiedene Dinge.

Wellen im Kopf

In unserem Gehirn werden ständig Millionen elektrische Impulse in kleinen Zeiteinheiten erzeugt. Diese Aktivität bildet ein elektrisches Feld, das man mit modernen Geräten wie dem Elektroenzephalografen (EEG) messbar und sichtbar machen kann. Die sogenannten Gehirnwellen verändern sich – immer nach dem, was wir gerade tun. Die unterschiedlichen Frequenzen sind direkt an unsere Aktivität gekoppelt. Im Alltagsgeschehen haben wir also andere Gehirnwellen als in der Meditation. Es werden immer alle Gehirnwellen erzeugt, aber eine ist im EEG jeweils am deutlichsten sichtbar. Hier ist eine Übersicht über die einzelnen möglichen Schwingungszustände unseres Gehirns und die ihnen entsprechenden Aktivitäten.

Der Alphazustand

In diesem Zustand arbeitet das Gehirn in einer Frequenz zwischen 8 und 12 Hertz. Du bist hier wach, aber gleichzeitig tief entspannt. Wir erleben diesen Zustand meistens morgens nach dem Aufwachen und abends vor dem Einschlafen. Die Meditation führt uns ebenfalls in diese Entspannung hinein, bei der wir aber zugleich sehr präsent sind.

Der Betazustand

Im Betazustand beträgt die Frequenz 12 bis 19 Hertz. Es gibt außerdem noch einen sogenannten hohen Betabereich, hier liegt die Schwingung zwischen 19 und 26 Hertz. Wenn wir Stress und Überforderung erfahren, sind wir in diesem Frequenzbereich. Das ist oft unsere »Tagesfrequenz«. Hier steht nicht das Sein im Vordergrund, sondern das Machen.

Wenn wir von diesem Zustand in den Alphazustand absinken, erfahren wir das als Entspannung ohne jede Schläfrigkeit. Geübten Meditierern gelingt das sehr gut.

Der Thetazustand

Dieser Frequenzbereich liegt zwischen 6 und 10 Hertz. Hypnotisierte Menschen sind auf dieser Frequenz. Die Grenzen zwischen Wahrnehmung, Realität und Fantasie verschwimmen. Kinder sind die ersten sechs Jahre primär in diesem Zustand. Deswegen wird in ihrer Welt ein Besen zum Pferd, und sie reiten auf ihm. Es ist eine Art Beobachter+Teilnehmer-Bewusstsein: Wir sind beides gleichzeitig, mittendrin und beobachtend. Auch in der Meditation gibt es Anteile dieser Frequenz.

Der Deltazustand

Der Deltazustand entsteht, wenn wir im Tiefschlaf sind. Die Wellen schwingen hier mit 0,1 bis 4 Hertz. Es ist die niedrigste Aktivitätsstufe, die wir haben können, und zugleich sehr erholsam für unser ganzes System.

Der Gammazustand

Diese Wellen sind im Vergleich zu allen anderen Mustern sehr hoch, zwischen 40 und 100 Hertz. Es ist noch nicht in der Tiefe erforscht, was diesen Zustand ausmacht, aber er gilt als eine Art »Superbewusstsein«, in dem tiefe Harmonie und Erfahrungen des Einsseins gemacht werden können. Spitzenperformance, transzendente Erlebnisse und kognitive Höchstleistungen passieren wohl in diesem Spektrum. Buddhistische Mönche, die ihr Leben in und mit Meditation verbringen, sind nachgewiesenermaßen oft in diesem Zustand. Sogar in Momenten, wenn sie gar nicht aktiv meditieren.

Erleuchtet, nicht verstrahlt

Die Menschen wissen schon lange, dass sie unterschiedliche Zustände in ihrem Geist erleben können, und haben schon immer damit experimentiert. Es gibt heute viele Hilfsmittel, die es dir ermöglichen sollen, andere Bewusstseinszustände zu erreichen. Dazu gehören Musik und Sounds, das Urwaldgetränk Ayahuasca, LSD, Cannabis, Alkohol und vieles mehr. Fast alle Menschen konsumieren irgendetwas davon – manche aus reiner Gewohnheit und Sucht, andere, weil sie sich davon eine geistige Erweiterung erhoffen. Dafür hat jeder selbst die Verantwortung. Wir verurteilen oder bewerten das überhaupt nicht. Der menschliche Geist möchte einfach ständig neue Erfahrungen machen.

Unsere Methode ist aber etwas anderes. Wir wollen keine künstlich herbeigeführten Zustände, in denen wir kosmisches Licht und Farben sehen. Es geht uns nicht darum, einen Trip zu erleben und irgendwohin abzuheben. Um dann festzustellen, dass sich der Effekt bei zunehmender Wiederholung verkleinert. Entrückt, verzückt und high wollen wir gerade nicht sein. Es ist nur eine weitere Illusion, eine Projektion. Du kannst keine besseren Entscheidungen treffen, wenn du dich mit irgendwas ablenkst. Und dein Leben wird auch nicht besser davon, wenn du dich »zudröhnst«. Das Erleben deines eigenen wahren tiefen Selbst, das ist kein Effekt, den man erzeugen kann oder den man im Rausch erfährt. Du kannst es mit einer ausdauernden Meditationspraxis hervorholen. Der Raum der Stille, den du dabei betrittst, ist geerdet und klar. Dort ist alles, was du je wirklich wollen könntest. Dort ist deine Wahrheit.

Deine Übung: Dein Warum

Bei so viel intellektuellem Input kommt hier zwischendurch mal etwas Praxis. Alle Fragen, die jetzt folgen, kannst du in einem Extrabüchlein beantworten, in das du auch weitere Notizen, Bilder und Ähnliches eintragen kannst. Dieses Buch gehört ganz dir und ist nicht automatisch dazu bestimmt, von jemand anderem gelesen zu werden. Sei darin also ganz offen und ehrlich. So ein Buch ist hilfreich dabei, deinen eigenen Prozess zu beobachten und den Fortschritt mitzuerleben.

Nimm dir also ein wenig Zeit, mach es dir bequem, atme in Ruhe durch, um vom alltäglichen Betazustand in deinem Gehirn in Richtung Alpha gehen zu können. Und dann beantworte für dich und am besten schriftlich die folgenden Fragen:

- Was waren deine ursprünglichen Gründe dafür, dass du dieses Buch in die Hand genommen hast?
- Was sind deine persönlichen Gründe dafür, dich mit Meditation und persönlicher Weiterentwicklung zu beschäftigen?
- War es eine langsame, allmähliche Entwicklung oder ein starker äußerer Trigger, der dich dazu veranlasst hat?
- Frage dich in jedem Satz, den du schreibst: »Bin das wirklich ich?« »Ist das wirklich das, was ich fühle, denke, empfinde, spüre, weiß?«

Bewusster und unbewusster Geist

Vom Gehirn und seinen verschiedenen Zuständen kommen wir natürlich auch ganz schnell zu dem, was wir Geist nennen. Denn unsere Gedanken und irgendwie auch unser Sein nehmen wir sehr oft vorrangig im Kopf wahr. Dort eben, wo unser Gehirn sitzt. Was aber macht den Geist aus? Er teilt sich in einen bewussten und einen unterbewussten Teil. Die meisten Menschen glauben, sie hätten einen Geist, der eben auf eine bestimmte Art funktioniert. Und wenn sie den in den Griff bekämen, könnten sie einen positiven Einfluss auf die Vorgänge in ihm und dann wahrscheinlich auch in ihrem Leben nehmen. Es ist allerdings nicht ganz so einfach. Beide Sphären, die bewusste und die unterbewusste, müssen nämlich auf ihre jeweilige Art angesprochen werden.

Beginnen wir mit dem bewussten Teil unseres Geistes. Er ist in der Lage, komplexe Zusammenhänge zu verstehen, zu analysieren und auch zu abstrahieren. Er kann Pläne erstellen und lineare Abläufe in die eine oder die andere Richtung anstoßen und verfolgen.

Nehmen wir ein Beispiel. Du nimmst dir vor, zehn Kilo abzunehmen, weil du denkst, du hast Übergewicht. Ob das stimmt und ob das wirklich wichtig ist oder nur eine kulturelle Konditionierung, sei jetzt mal dahingestellt. Dein bewusster Geist sieht das Endziel und listet die Maßnahmen auf, die dich zu deinem Ziel führen sollen. Er geht von dort aus auf dem Zeitstrahl rückwärts zum morgigen Tag. Und dann sagt dir dein Verstand: Ab morgen kein Kuchen mehr, keine Cola, sondern Wasser und Vollkorn und mehr Gemüse. Das sind die Maßnahmen, die du ab morgen umsetzen willst. Du hast deinen Plan gemacht, bist bester Laune und voller Zuversicht.

Jetzt aber kommt dein Unterbewusstsein ins Spiel. Dort sind deine Muster gespeichert, beispielsweise die Art, wie du bestimmte Dinge erledigst, was du gern isst, welche Musik du magst, und so weiter. Es ist nicht dein Charakter, obwohl es sich für dich so anfühlt. Es sind nur Programme, fest eingebrannte Muster, die im Laufe deines Lebens entstanden sind. In der Hauptsache stammen sie aus der Zeit zwischen dem ersten und dem sechsten Lebensjahr. Damals hast du gelernt, wie du als Mensch in einer sozialen Gemeinschaft zu funktionieren hast. Du hast die

Meinungen, Lebenseinstellungen und auch Vorurteile deiner Eltern, Lehrer und anderer Menschen aus deinem Umfeld übernommen. Sie sind alle in dein Unterbewusstsein eingespeichert, das in gewisser Weise wie eine Maschine funktioniert. Ungefähr 90 bis 95 Prozent deines Lebens laufen nach diesen Mustern in deinem Unterbewusstsein ab. Es ist ein Leben auf Autopilot. Sicher und ein bisschen langweilig.

Nun kommt der fünfprozentige Teil des bewussten Verstandes und sagt: Ab morgen wird nur noch das und das gegessen und auf Cola verzichtet. Das bedeutet einen immensen Aufwand für dich! Du musst immer neu um die eingefahrenen Muster herumnavigieren und gegen deinen Drang, Kuchen und Cola zu dir zu nehmen, ankämpfen. Das Resultat ist meistens, dass die Muster irgendwann doch wieder die Oberhand gewinnen und sich nichts ändert, obwohl du es dir so stark vorgenommen hast und so sicher warst, dass es diesmal funktioniert.

Was könnte man besser machen? Mach dir bewusst: Beide Teile des Geistes lernen auf ganz unterschiedliche Weise. Unser bewusster, rationaler Verstand liest ein Buch, geht zu einem Seminar, hört einen Podcast oder fragt jemanden, wie es geht. Er ist kreativ und lernfähig. Unser Unterbewusstsein, die »Maschine«, funktioniert hingegen einfach auf die Weise, in der sie programmiert wurde. Doch wir haben die Chance, sie umzuprogrammieren, und können sie ein wenig updaten. Dieser Teil des Geistes lernt ausschließlich durch Wiederholung. Wir müssen durch eine stete Praxis neue Muster erzeugen, die die alten quasi überschreiben.

Als du als Kind das Alphabet lerntest, war das keine Sache, die du intellektuell verstehen konntest. Die Reihenfolge der Buchstaben ist einfach so, wie sie ist, es gibt keinen Trick, um herauszufinden, welcher Buchstabe auf das K folgt. Man muss es einfach durch andauernde Wiederholung lernen. Und wie wissen wir, ob es als Muster abgespeichert ist? Wenn wir nicht mehr darüber nachdenken müssen, sondern das Alphabet einfach so herunterbeten können.

Genau dasselbe ist es, wenn wir mit hundertfünfzig über die Autobahn fahren, am Steuer sitzen und derweil eine tiefgehende Konversation mit unserem Beifahrer führen. Das Fahren ist zu 100 Prozent als Muster eingebrannt, wir können unseren bewussten Geist komplett für das Gespräch nutzen. Wenn du dann plötzlich gefragt wirst, wie die letzten zehn Minuten der Fahrt waren, wirst du keine Ahnung haben, du warst dabei auf Autopilot.

Weißt du, wann du am meisten im bewussten Geist bist? Wann du dir deiner selbst am meisten gewahr bist? Wenn du frisch verliebt bist. Erinnere dich, es geht das erste Mal zum Essen, du wählst deine Kleidung sorgfältigst aus, beim Essen beachtest du jede Etikette und bist aufmerksam im Gespräch. Bloß keinen unbedachten Fehler machen und sich auf Autopilot in der Nase bohren oder am Hintern kratzen. Die beste Version deiner selbst wird präsentiert. Deswegen schaffen wir in der Zeit auch nichts anderes, wir müssen so sehr auf uns selbst achten und präsent sein.

Deine Meditation:
Körperwahrnehmung

Stell deinen Timer auf fünf bis fünfzehn Minuten. Setz dich bequem und aufrecht hin, schließ die Augen, und komm erst mal bei dir an.

Konzentriere dich nun auf deinen Körper. Das können deine Schultern sein, die entspannt herunterhängen, oder du nimmst Spannungen im Nacken wahr. Oder eine Spannung in deinem Kiefermuskel. Oder du spürst zum Gesäß auf deiner Unterlage hin. Zu den Haaren auf deinem Kopf. Bleib einfach bei deinem Körper und dem, was du von ihm wahrnimmst.

Wahrscheinlich wandert dein Geist umher, das ist okay. Alles, was während dieser Meditation in deinem Geist auftaucht, ist in Ordnung. Geh nicht in einen Widerstand, weil dir ein Gedanke nicht passt oder weil du eigentlich bei den Körperwahrnehmungen bleiben willst. Am einfachsten arbeitest du mit deinem Geist, wenn du ohne Anstrengung vorgehst. Es ist ein wenig wie beim Einschlafen: Wenn du es nicht kannst, hilft dir auch alles Wollen und Tun nicht. Erst wenn du loslässt, gelingt es dir irgendwann.

Lenk deine Wahrnehmung einfach immer wieder zurück auf deine körperlichen Empfindungen. Sie sind sensorisch spürbar und deswegen sehr präsent.

Du kannst leicht wieder zu ihnen zurückkehren. Ohne besondere Anstrengung.

Besonders, wenn dein Geist sehr beschäftigt ist oder du gerade mit starken Emotionen zu tun hast, ist diese Meditation sehr gut geeignet. Sie bringt dich zurück in die Realität deines physischen Lebens und Erlebens. Sie ist damit ein relativ leichter Einstieg in Ruhe und Stille.

Wenn deine Meditationszeit um ist, atme tief durch, und geh wieder in deinen Alltag zurück.

Es geht nur um dich

Vielleicht hast du begonnen, dich mit Meditation zu beschäftigen, weil du etwas in deinem Leben verändern und verbessern willst. Das ist logisch und bei fast allen von uns der Fall. Lass uns deswegen weiterhin darüber nachdenken, wie Veränderung mithilfe von Meditation tatsächlich gelingen kann.

Wieder einmal setzen wir dabei in unseren Köpfen an. In unserer modernen westlichen Gesellschaft, also dort, wo die meisten von uns leben, werden uns nämlich viele Sachen eingeredet. Unser ganzes Leben steht auf den recht wackligen Beinen aller möglichen Vorstellungen und Vorurteile. Die meisten davon hinterfragen wir nicht. Sie sind so stark in unsere Verhaltensmuster eingebrannt, dass wir überhaupt nicht auf die Idee kommen, dass es auch alternative Räume dazu geben könnte. Wir sind konditioniert und wir bleiben es, wenn wir uns nicht aktiv darum kümmern, frische Luft in unseren Kopf und unser Leben zu lassen.

Dieses Konditionieren erfolgt permanent. Es passierte nicht einfach nur in unserer Kindheit, es ist unser steter Begleiter. Gerade Glaubenssätze und Verhaltensnormen werden so übertragen und aufrechterhalten. Von allen Seiten scheinen sie bestätigt zu werden. Und sogar wenn wir sie gar nicht direkt so aussprechen würden, gibt es in uns solche Sätze wie:

- »Männer essen Fleisch und trinken Whisky.«
- »Frauen opfern Karriere und Erfolg für ihre Kinder.«
- »Männer werden Soldaten, und der Tod auf dem Schlachtfeld ist ehrenvoll.«
- »Gute Kinder teilen ihre Spielsachen.«
- »Arbeitslose sind faul.«
- »Ausländer sind eine Gefahr.«
- »Die da oben machen ja sowieso, was sie wollen.«

Natürlich ist es möglich, sich solcher Ideen bewusst zu werden und sie in sich zu hinterfragen und zu verändern. Und es geht auch mit gewohnten Denk- und Verhaltensmustern auf kollektiver und globaler Ebene – bei sogenannten großen Paradigmen. Wenn die erst einmal infrage gestellt sind, verändern sie sich oft ganz schnell und geben der Welt einen neuen Charakter. Im Moment erleben wir das im Gesundheitswesen und in der Klimapolitik. Mehr und mehr Menschen sind bereit und willens, alte Zöpfe abzuschneiden und tatsächliche Verhaltensänderungen umzusetzen. Viele Menschen, und wir zählen dich dazu, denn sonst würdest du nicht dieses Buch in den Händen halten, erkennen zum Beispiel, dass in der unbeseelten Apparatemedizin und von den profitgetriebenen Pharmaproduzenten nicht der Weg zur Gesundheit aufgezeigt wird. Ganzheitlichkeit als Denkansatz, das Miteinbeziehen von geistig-energetischen Aspekten wird von immer mehr

Menschen anerkannt und auch gewünscht. Diese »Revolution« ist eine Graswurzelbewegung, sie wird von den Patienten selbst gesteuert. Nicht von der Politik oder der Wirtschaft. Das ist eine großartige Entwicklung. Auch wir sehen uns als einen Teil davon und möchten dazu beitragen, dass die Macht über Gesundheit und Heilung an die Menschen zurückgegeben wird.

Nehmen wir ein praktisches Beispiel dafür: Der Placeboeffekt beschreibt die Heilung durch eine Arznei, in der aber gar keine pharmakologisch wirksamen Stoffe enthalten sind. Der Patient erhält ein »Medikament«, das keines ist, und wird trotzdem gesund. Tausende von Studien haben diesen Effekt zeigen können. Doch wie ist er zu erklären? Ein Modell, das dafür angeboten wird, ist, dass die Zuwendung zum Patienten, also das »Sich-Kümmern«, die Heilung auslöst. Man könnte auch sagen, dass sich die Energie anderer Menschen aus dem direkten oder indirekten Umfeld auf den Patienten fokussiert und genau die Kräfte in ihm anregt, die in ihm Heilung anstoßen. Demnach wäre es die Aufmerksamkeit, die ihm gegeben wird, die heilsam ist.

Wenn wir uns die unterschiedlichsten Heilmethoden aus allen möglichen Zeiten und Regionen der Welt anschauen, ist es tatsächlich immer die Aufmerksamkeit, die einen entscheidenden Anteil hat. Nur die Schulmedizin scheint das teilweise vergessen zu haben oder nicht so wichtig zu nehmen, erkennt es aber heute teilweise auch wieder.

Meditation nun heißt, dass wir uns selbst positive Aufmerksamkeit geben. Und das erklärt auch, warum sie uns so guttut. Mit einer ernsthaften Meditationspraxis sind wir tatsächlich in der Lage, Selbstheilung in uns anzustoßen und natürlich auch Prophylaxe zu betreiben. Meditation ist damit unsere Geheimwaffe, die wir völlig unabhängig und selbstständig anwenden können.

Wir können tatsächlich mit unseren Gedanken dazu beitragen, gesünder zu werden. Im Alltag allerdings passiert es uns meist eher umgekehrt: Wir quälen uns mit Gedanken herum, die uns krank machen. Damit wären wir dann auch wieder bei den konditionierten Mustern und Glaubenssätzen. Die führen nicht nur dazu, dass wir selbst schmerzhafte Gedanken produzieren, die uns stressen. Sie bringen uns auch dazu, allen möglichen fraglichen Input in uns aufzunehmen. Und wo, hart gesagt, nur Müll reingeht, kommt natürlich auch nur Müll heraus. Wenn ein Computer nur schlechte Software installiert bekommt – Müll –, kann er nichts anderes machen, als Müll zu produzieren und schlecht zu arbeiten. Doch schauen wir mal, was wir uns täglich so an Input geben. Der Tag beginnt bei den meisten Menschen mit folgenden Sachen, die sie geistig oder körperlich in sich hineinstopfen:

- Spätestens zum Frühstück gibt es Fernsehen oder zumindest Nachrichten vom Tablet. Das Übliche: Kriege, Krisen, Verkehrsunfälle, Brände und Mordfälle. Dazu, welcher Promi wann welches Kleid anhatte und wie teuer das war.
- beim Frühstück industriell verarbeitete Nahrung mit viel leeren Kalorien und Zucker
- Koffein
- Nikotin, wenn du rauchst

- Auf den Social-Media-Kanälen schauen wir, wer was tut und wer über wen hetzt. Wir machen ein Foto von unserem Essen oder unseren Füßen und posten es.
- Wir nehmen die ersten Pillen für unsere Nerven, denen weitere folgen werden.
- So geht es den ganzen Tag weiter, bis wir kurz vor Mitternacht noch einen Horrorfilm gucken (schön gruselig) und eine Dreiviertelflasche Rotwein trinken. Danach quälen wir uns mit dem Einschlafen herum oder schlucken noch ein paar Schlafpillen.

Vielleicht haben wir hier ein bisschen übertrieben. Aber sehr viele Menschen leben tatsächlich so, und vielleicht gehörst du in einigen Punkten auch dazu. Dass wir so viel Müll aufnehmen können, wird uns immer wieder als Lebensqualität verkauft. All das würde unser Leben lebenswerter machen. Aber Müll bleibt Müll.

Das Gute ist, dass sich Gewohnheiten und Konsum relativ leicht verändern lassen. Wenn du zu meditieren beginnst, wirst du merken, dass du ganz automatisch besser aufpasst, was du an dich heran- und in dich hineinlässt. Damit hast du es in der Hand, schon mal ein positives »Grundklima« zu schaffen, auf dem deine weiteren Bemühungen besser gedeihen können. Wir können uns selbst in so vielfacher Hinsicht positiv beeinflussen!

Du bist das Zentrum deines Lebens

Wenn du nicht in deiner Kraft bist, bewegt sich nichts. Dein Umfeld, deine Familie, deine Freunde, eine Karriere – wenn du keine Kraft hast, steht alles still oder entwickelt sich sogar rückwärts. Der zentrale Ansatz dieses Buches ist es, dir klarzumachen, dass es keineswegs selbstsüchtig und egoistisch ist, wenn du dich um dich selbst kümmerst.

Das müssen wir immer wieder bei Frauen und Müttern betonen: Es hilft niemandem, wenn sie sich bis zur völligen Selbstaufgabe aufopfern. Aber auch arbeitssüchtigen Managercharakteren müssen wir häufig erklären, dass es ihre Performance verbessert, wenn sie sich die nötigen Pausen gönnen und mit ihrer Energie haushalten.

Dein eigenes Zentrum zu sein bringt eine Menge Vorteile mit sich. Und es ist auch das einzig Sinnvolle. Denn überleg mal: Alle anderen sind ebenfalls der Mittelpunkt ihres Sonnensystems. Und deswegen interessieren sich die Leute am meisten für sich selbst. Und damit: nicht für dich. Darum musst du dich selber kümmern.

Wenn du nicht für dich sorgst, tut es niemand.

Klingt das enttäuschend? Nein, es ist befreiend! Du brauchst dir nämlich keinen einzigen Gedanken darüber zu machen, was alle anderen über dich denken könnten. Sie denken nämlich gar nicht an dich. Sie haben so viel mit sich selbst zu tun, dass für dich gar kein Platz ist. Alle denken in der Hauptsache an sich. Das bedeutet, du kannst alles machen, ohne dich um das Urteil anderer kümmern zu müssen.

Aus unserer Sicht haben Leute, die ständig bei anderen im Mittelpunkt stehen wollen, wahrscheinlich eine narzisstische Persönlichkeitsstörung. Wer klar reflektiert ist, kümmert sich nicht weiter darum, wie er von anderen gesehen wird. Er ist frei. Du bist frei.

Betrachten wir das Ganze noch mal mit einem Beispiel: Erinnere dich zurück an deine Schulzeit. Die meisten von uns waren damals oft in Panik, wenn irgendwelche Vorträge oder Präsentationen anstanden. Wir haben dann gedacht, dass wir uns zum Gespött der Mitschüler machen, wenn etwas schiefgeht. Unser soziales Leben wäre dann im Eimer. Keiner geht mehr mit uns aus, wir haben keine Freunde mehr, werden nicht mehr auf Partys eingeladen, sondern nur noch ausgelacht und ausgegrenzt.

Doch wie hat es wirklich ausgesehen? Vielleicht haben die anderen tatsächlich gelacht, aber es hat uns nicht so sehr beeinträchtigt. Unsere Freunde blieben unsere Freunde, und die anderen blieben, wie sie vorher auch schon waren. Und wenn wir heute in einem Vortrag von jemand anderem sitzen, was passiert dann? Meistens hören wir gar nicht richtig zu, sondern träumen vor uns hin. Passiert dem anderen dann tatsächlich ein Fehler, denken wir eher: Meine Güte, das arme Schwein! Dass ihm das jetzt hier passiert! Wir denken nicht: Den streiche ich jetzt aber aus meinem Adressbuch, der ist ja peinlich! Kleinere Versprecher bekommen wir meist gar nicht mit, und überhaupt macht die Unsicherheit eines anderen ihn oftmals erst sympathisch und menschlich. Wir selbst sind unsere schärfsten Kritiker, und wir sind es, die sich bei kleinen Fehlern fertigmachen und als Loser beschimpfen. Das aber könnten wir auch sein lassen. Denn wir sind frei.

Diese Freiheit wirklich in Anspruch zu nehmen, das kann dir mit einer Meditationspraxis passieren. Langsam, aber sicher entwickelt sich dabei nämlich eine gewisse Ergebnisunabhängigkeit. Eine Meditation ist immer gut, unabhängig davon, wie du sie selbst empfunden hast. Es geht nur darum, es zu tun. Es gibt kein messbares Ergebnis zu erreichen. Wir können nicht wirklich messen, wie »tief« oder gut wir meditieren. Und es ist auch egal. Regelmäßige Praxis, das ist der Schlüssel. Diese Unabhängigkeit davon, wie wir »performt« haben, die kann sich dann auch auf den Rest des Lebens übertragen. Und dann bist du wirklich frei.

Die Welt in deinem Inneren

Wo sitzen all die angelernten Muster und Überzeugungen? Wo sitzen aber auch all deine Potenziale und dein authentisches Selbst? In deinem Inneren. In deiner Innenwelt gibt es niemand anderen als dich. Nur dort kannst du dein wahres Selbst treffen. Und nur dort kannst du dich wirklich weiterentwickeln. Die Außenwelt zieht dann von selbst nach. Doch in dir drinnen sitzen auch all die Muster, die dich mittelmäßig und inaktiv bleiben lassen. Deine Innenwelt ist deswegen der Ort, den du erkunden musst, wenn du etwas in deinem Leben verändern willst.

Nehmen wir zur Illustration ein Beispiel aus unserer Coaching-Praxis: Anna (Name geändert) hat alles, was man sich wünscht. Einen Job, einen netten erfolgreichen Mann, Kinder, ein Haus, mehrmals im Jahr flotte Urlaube. Trotzdem ist sie nicht glücklich. Sie sitzt abends mit ihrem Mann auf der Couch, mit dem sie eher ein Bruder-Schwester-Verhältnis verbindet. Ihr Innenleben fühlt sich leer an, die letzten Jahre sind mehr oder weniger gleich verlaufen, und auch für die nächsten Jahre hat sich im Grunde nichts Neues angekündigt. Als wir sie fragten, was sie sich früher immer vom Leben gewünscht hat, sagte sie: Sie wollte »jemanden« in ihrem Leben haben, der »da« ist und mit dem es »sich aushalten lässt«. Nun, genau so jemanden hat sie jetzt.

Anna hat Vorhersehbarkeit und Sicherheit gewählt und in den Topf ihres Lebens geworfen. Das funktioniert irgendwie, aber letztlich nur im Außen. Ihr authentisches Selbst möchte etwas ganz anderes, es möchte Abenteuer erleben. Und so begeht Anna einen ständigen Selbstbetrug. Viele Menschen bleiben in so einer Situation stecken. Ihnen geht es um die äußere Form. Was die anderen Leute vermeintlich über sie denken, das ist ihnen wichtig.

Du musst aber an so einem Punkt nicht stehen bleiben. Wenn du mit deiner Innenwelt in Harmonie kommst – und genau das passiert über die Meditation –, wirst du authentisch. Dann hast du auch keine Angst mehr davor, was die anderen denken könnten, und du erzählst keinen Scheiß mehr über dich selbst und dein tolles Leben. Du wirst ehrlich und transparent zu anderen und zu dir selbst. Schaffst du diesen Schritt nicht, ist das ganze Leben eine Lüge, auch wenn sie noch so schön verpackt ist und sich scheinbar angenehm anfühlt und du sogar dafür beneidet wirst.

Erst wenn du bereit bist, dich deiner Innenwelt anzunehmen, wird sich auch nachhaltig was verändern. Das Unauthentische bleibt so lange dominant, wie es angenehm ist. Für einige Menschen kommt die Einsicht, wachsen zu müssen, erst im Angesicht von einer Krankheit oder anderen wirklich einschneidenden Erlebnissen, wenn sie zum Beispiel verlassen werden. Du musst aber nicht erst so lange warten. Du musst dich fragen, was deine Langzeitperspektive ist: Willst du gefangen sein in Sicherheit und Langeweile, oder willst du es aufregend und abenteuerlich, voller Lebendigkeit? Unsere Meditationen bereiten dich darauf vor, erwachsene Entscheidungen zu treffen und dein Leben wirklich zu gestalten. Deine innere Klarheit und das Ausleben deiner inneren Energie sind entscheidend für ein glückliches und erfülltes Leben.

Vernachlässigst du deine Innenwelt, dann arbeitest du bis zur Erschöpfung im Außen herum und lebst die immer gleichen alten Muster – mit dem nächsten Partner, am nächsten Arbeitsplatz, in der nächsten Stadt. Alles, wirklich alles, was für dein Leben von Wichtigkeit ist, kommt aus dir selbst. Wenn in dir alles stimmt und du vor Energie vibrierst, hat auch deine Umwelt etwas davon. Es strahlt auf die anderen ab. Sie brauchen dein authentisches Leben, deswegen musst du dich (endlich) um dich selbst kümmern.

Deine Übung:
Wovon hast du früher geträumt?

Nimm dir einmal etwas Zeit, und mach dir bewusst, von was für einem Leben du früher geträumt hast. Wie war die Vision von deinem Leben, als du ein Kind warst, während der Jugendzeit und vielleicht auch später noch? Wie hast du es dir vorgestellt? Wie sollte deine Arbeit aussehen und in welchem Beruf? Was für eine Familie wolltest du haben, was für Kinder und wie viele? Was für einen Partner und wo wolltest du mit ihm leben? Wie sollten deine Freundschaften sein? Wie überhaupt dein Stand in der Welt?

Trau dich, noch einmal tief in diese Erinnerungen hineinzugehen. Schreib sie dir am besten auch auf. Und beobachte, wie du dich dabei fühlst und ob sich nicht vielleicht auch schon Ideen zeigen, wie du an die alten Träume wieder anknüpfen kannst.

Wie du deine Energie wirklich nutzt

In Beziehungen wirst du getestet. Zwei Menschen, mit ihren je eigenen Problemen und Mustern, kommen zusammen. Beide versuchen vielleicht sogar, sich gegenseitig zu helfen. Doch es funktioniert nicht so richtig, wenn sich dabei nicht auch jeder um seine eigenen inneren Aufgaben kümmert und eine Art ganz persönliche Psychohygiene betreibt.

Alles, was du erreichen möchtest, steckt bereits in dir. Auch wenn du jetzt erwidern möchtest: »Ja, ich bin aber nicht ... hübsch genug ... groß genug ... verheiratet genug ... reich genug ... Eltern genug ...« Oder was auch immer dir zu fehlen scheint. Solche Gedanken sind nur Ablenkungsmanöver. Sie markieren deinen Weg, dich von deiner Freude und deinem Erfolg abzuhalten. Ja, wir wissen, dass das sehr klischeehaft klingt, und in der einen oder anderen Form hast du das sicher auch schon mal gehört. Deswegen ist es aber nicht weniger wahr. Wir selbst sind unser größter Saboteur. Klischee hin oder her.

Immer, wenn du innerlich hinter einem Wunsch ein »Kann ich nicht, weil ...« formulierst, weißt du, dass du nicht von außen blockiert wirst, sondern von innen.

Dein Leben ist die Geschichte,
die du dir selbst erzählst.

Um dir darüber klar zu werden, wo es in deinem Inneren stockt, legen wir in der folgenden Übung dein Denken unter ein Mikroskop und gucken hinein.

Nimm dir dazu ein Thema oder einen Lebensbereich vor, wo es nicht vorangeht. Wo keine Entwicklung stattfindet. In welchem Bereich bist du passiv oder sogar schon apathisch? Wo empfindest du dich als Opfer, unfähig, etwas umzusetzen oder in Schwung zu bringen.

Nehmen wir ein Beispiel: Vielleicht fliegst du in deinem Traumleben zweimal im Jahr nach New York. Du tust es aber nicht, weil du dann die Kinder allein lassen müsstest. Du denkst, dass dein Mann das nicht hinbekommt, sie in der Zeit allein zu versorgen. Außerdem hast du nicht genug Geld.

Und was ist die Wahrheit?

Du fliegst nicht nach New York, weil du denkst, dass du das nicht verdient hast.

Du fliegst nicht nach New York, weil du Angst davor hast, deinen Mann zu fragen, ob das für ihn okay wäre.

Du fliegst nicht nach New York, weil du dein Geld für andere Sachen ausgibst und nicht für diese Reise sparst.

Prinzip verstanden? Um dir selbst auf die Schliche zu kommen, kannst du dir gleich selbst einige Fragen stellen. Versuche, dir ehrliche Antworten zu geben. Solche Übungen können etwas unangenehm sein, aber sie verändern eine Menge in deinem Innenleben. Deswegen sind sie so wichtig. Es ist Zeit, erwachsene Entscheidungen zu treffen, und dafür muss man erst mal anerkennen, was wirklich los ist.

Deine Übung:
»Ich kann nicht, weil …«

Nimm dir ein Blatt Papier oder eine Seite in deinem Meditationstagebuch. Schreib als Überschrift: »Ich kann meinen Traum nicht leben, weil …«

Schreib nun alle Gründe auf, warum du nicht so leben kannst, wie du es möchtest. Schreib alles auf und zensiere nichts. Vieles wird dir absurd vorkommen, aber wenn es in deinem Kopf ist, dann ist es eben da und bremst dich.

Mach dir in einem zweiten Schritt bewusst, dass fast alles, was du aufgeschrieben hast, nur eingebildet ist. Es ist eine Geschichte. Die Geschichte, die du dir über dein Leben erzählst. Geh Punkt für Punkt durch, und entscheide, welche einfach nicht stimmen. Wo hast du durchaus mehr Möglichkeiten, als du bisher dachtest, und wie könnten die aussehen?

Nehmen wir weitere Beispiele, um das Prinzip zu verdeutlichen und dir auch klarzumachen, dass wir zunächst einmal alle solche Geschichten in uns haben. Es geht nicht darum, sie nicht zu haben (oder weiter vor sich zu verstecken), sondern darum, sie endlich zu erkennen.

Viele denken bewusst oder unbewusst: »Ich kann nicht meine innere Wahrheit aussprechen, weil das die anderen verletzen könnte. Sie würden es nicht ertragen.« Das aber ist eine reine Vermutung. Sicher ist es keinesfalls. Oder: »Ich kann meinen Mann nicht verlassen, schließlich ist unser Kind erst vier Jahre alt. Weder das Kind noch mein Mann würden das verkraften.« Stimmt das? Ja, es würde hart für alle Beteiligten, es kann sich aber auch etwas Neues und Großartiges daraus ergeben. Bevor der entscheidende Schritt nicht getan wurde, ist alles Weitere nur eine Vermutung.

Deine Sub-Persönlichkeiten

Warum aber ist es eigentlich so kompliziert, sich selbst authentisch zu leben? Das liegt daran, dass niemand von uns nur eine einzige einheitliche Stimme in sich hat. Bereits in unserer Kindheit haben sich verschiedene »Unterpersönlichkeiten« in uns gebildet. Die einen sind ängstlich, die anderen träumerisch, die nächsten draufgängerisch. Oft hatten sie irgendeine Schutzfunktion für uns. Wir haben uns damit den Situationen angepasst, die wir vorfanden. Sie halfen uns dabei, uns im Rahmen der Bedingungen in unserem Umfeld optimal zu entwickeln.

Wenn du als Kind oft genug gesagt bekommst, dass du beispielsweise keinen Orientierungssinn hast, dann wird sich das in deine Hirnbahnen einbrennen, und du wirst mit dieser Sub-Persönlichkeit (»Ich bin immer so orientierungslos«) vielleicht bis ans Ende deines Lebens herumlaufen. Wir alle bilden solche Sub-Persönlichkeiten heraus, und sie charakterisieren sich durch unseren Musikgeschmack, unsere Vorlieben und Abneigungen, all die Facetten unserer Persönlichkeit. Sie sind wie die Schichten einer Zwiebel, die wir um unseren Kern herum aufbauen.

Unsere Persönlichkeit ist also nicht die Summe der Sub-Persönlichkeiten. Es ist der Kern, der sich unter den Hüllen der Zwiebel versteckt. Das, was bereits da war, bevor die Konditionierung begann. Und genau diesen Kern kannst du wieder erfahren, wenn du meditierst. Die regelmäßige Praxis schält diesen Kern wieder hervor.

Deine Meditation: Körperscan

Stell deinen Timer auf fünf bis zehn Minuten. Setz dich aufrecht hin, schließ die Augen, und atme erst einmal durch, um richtig anzukommen.

»Scanne« dann deinen Körper. Richte deine Aufmerksamkeit nach und nach auf die einzelnen Körperbereiche. Ein Durchgang vom Scheitel bis zu den Zehen sollte eine halbe bis ganze Minute dauern. Konzentriere dich darauf, wo jeweils Spannungen sind oder wo sich der Körper entspannt anfühlt. Wo ist es unruhig, wo gibt es Druck, wo Freiraum?

Es geht nicht darum, irgendeinen dieser Zustände zu bewerten. Nimm einfach eine leidenschaftslose Beobachterperspektive ein. Wenn Gedanken dazwischenfunken, ist das kein Problem, komm einfach zurück zu dem Punkt deines Körpers, an dem du davor warst. Nimm ihn wahr, und geh dann zum nächsten.

Selbstliebe kultivieren

Wenn du meditierst, tust du etwas für dich. Meditation ist praktizierte Selbstliebe. Und Meditation bringt zugleich Selbstliebe hervor. Genau sie ist die Basis von allem: von jeder positiven Veränderung in deinem Leben. Und spannenderweise ist Selbstliebe auch die Basis für gute Beziehungen.

Wie sehen unsere Liebesbeziehungen aus?

Wir glauben, wir lieben von ganzem Herzen. Leidenschaftlich und bedingungslos. Doch das stimmt leider in der überwiegenden Zahl der Fälle nicht. Warum behaupten wir so etwas? Weil unsere Beziehungen fast immer auf einem Deal beruhen: Erfülle du bitte meine Bedürfnisse, dann erfülle ich auch deine.

Damit kommen dann eine Menge Probleme in unser Beziehungsleben. Wenn der andere sich nämlich entschließt, dir einfach nicht mehr das zu geben, was du haben willst, dann fühlst du dich vernachlässigt. Du fühlst dich allein und nicht gesehen. Vor lauter Angst vor dem Alleinsein wirst du zu einer Klette, die sich an den Partner klebt, ihn kontrolliert und zu dominieren versucht, damit er ja nicht ganz abhaut. Damit er diese Frechheit unterlässt, deine Bedürfnisse nicht mehr zu befriedigen.

In so einem Szenario ist längst Angst in die Beziehung eingezogen, wo früher mal Liebe und Unbeschwertheit waren. Die Beziehung zersetzt sich. Übrig bleibt dann nach ein paar Monaten oder auch vielen Jahren des gemeinsamen Weges oftmals nur noch Bitterkeit, Zynismus und manchmal sogar Hass. Trotzdem trauen sich viele Menschen nicht, sich aus solch unbefriedigenden Beziehungen zu lösen. Die Lebenslüge fühlt sich sicher und vorhersehbar an, vielleicht sogar warm und kuschelig. Man hat sich aneinander gewöhnt. Alle wissen schließlich, dass man zusammen ist. Das Haus ist abbezahlt. Klar spürt man, dass eine Rundumveränderung angesagt wäre, doch die macht Angst. Außerdem müsste man dafür aktiv werden und sich kümmern. Schlimmstenfalls sogar umziehen, allein leben und neue Beziehungen aufbauen. Davor schrecken die meisten zurück, so unzufrieden sie auch sein mögen.

All das hat mit wirklicher Liebe natürlich nichts zu tun. Wirkliche Liebe ist ein Bewusstseinszustand. Wenn man jemand anderen wirklich liebt, gibt es kein »Ich« mehr. Es gibt kein Anhaften mehr und keinen Deal. »Ich liebe dich! Liebst du mich bitte zurück?« Das ist Abhängigkeit und Angst.

Wer sind wir wirklich?

Um die Liebe zu verstehen, müssen wir uns selbst verstehen lernen. Als Babys kommen wir ganz frisch gewissermaßen aus der formlosen Essenz in dieses Leben. Eine Essenz, die nicht greifbar, messbar oder beschreibbar ist. Deswegen starren wir Babys so gern an und freuen uns einfach nur, sie zu sehen. Sie sind vollkommen offen, noch nichts hat für sie ein Etikett, einen Namen und eine Definition. So sind sie auch voller Liebe, die sie ihren Eltern oder Bezugspersonen bedingungslos entgegenbringen. Dann aber werden sie konditioniert, sie werden mit den Vorstellungen, Ängsten und Urteilen der Eltern und ihres Umfeldes konfrontiert, und es entwickelt sich langsam eine Selbstdefinition bei ihnen – und die Liebe nimmt ab. Sie passen sich der Energie ihres Umfeldes an und übernehmen die Anbetung von Geld, Status, Schönheitsidealen und so weiter. All das überdeckt bald ihre eigentliche Essenz, das, was sie wirklich ausmacht. Und ihre Liebe. Die ist nicht mehr bedingungslos, sondern eben an Bedingungen gekoppelt.

Das »Ich«, das wir alle in unserem Leben herausgebildet haben, ist eine Illusion. Es ist nichts weiter als ein Konstrukt aus übernommenen Mustern und Vorstellungen zur Anpassung. Wir zum Beispiel sind gar nicht Andrea und Dirk, wir sind nicht die Autoren dieses Buches oder die Leiter unserer Schulen. Das alles ist lediglich ein äußerer Ausdruck von Dingen, die wir tun. Es ist nur ein ganz kleiner Teil von dem, was uns ausmacht. Wir sind viel mehr, und am Ende wissen wir selbst (noch) nicht genau, was. Und du weißt es wahrscheinlich von dir auch nicht.

Was passiert nun aber bei der sogenannten Liebe? Jemand sagt zu uns: »Ich liebe dich, ich überschütte dich mit meiner Liebe. Liebst du mich auch?« Wir finden das natürlich toll, wir sind das Objekt der Begierde dieses Menschen. Gerade am Anfang verstehen wir nicht, dass das Ganze nur so lange funktioniert, wie wir auch unseren Teil der ungeschriebenen Vereinbarung erfüllen. Eine solche Liebe basiert nämlich auf Austausch. Na ja, eigentlich wissen wir es schon – denn wir haben alle schon erlebt, dass eine solche Beziehung nicht lange hält. Aber am Anfang wollen wir das nicht wahrhaben. Der Deal ist das große Missverständnis in sehr vielen Beziehungen, deswegen sind sie von Austausch, Besitz, Verlustangst und Abhängigkeit dominiert, und Liebe ist in ihnen kaum zu finden. Sie kann nicht zu finden sein, denn wir gehen mit unserem unklaren Ich aus lauter Vorstellungen und Mustern auf ein ebenso unklares Ich zu.

Wenn wir also mit einem »Du« zusammenkommen, das unser »Ich« lieben soll, ist unser Beziehungspartner also wie wir selbst nur eine Illusion. Wir kennen uns nicht, und er kennt sich nicht. Und dann verbinden wir uns und hoffen, dass dieser andere uns von allem Unschönen ablenkt, der Fels in unserer Brandung ist, uns versorgt und was wir sonst noch alles von ihm wollen. Wir laden alles auf den anderen ab – er soll uns liefern, was wir brauchen. Mit uns selbst beschäftigen wir uns gar nicht mehr, alles in unserem Kopf und in unserem Leben und in unseren Gesprächen dreht sich nur noch um den anderen. Anfangs vielleicht auf liebevolle Weise, später hat sich dann aber vielleicht eine solcher Ehen entwickelt, in denen sich der eine permanent über den anderen beschwert. Solche Paare kennen wir wirklich. Und das soll Liebe sein, das Ziel all unserer Träume? Bitte nicht.

Das Geheimnis: Wir sind in beiden Sphären unterwegs, der oberflächlichen und austauschbasierten und der Ebene unserer wahren Essenz. Wenn du das verstanden hast, kannst du damit spielen.

Beziehungen sind nicht dazu da, um uns glücklich zu machen. Das ist ein recht modernes Konzept, das einfach nicht aufgeht. Wir brauchen niemand anderen, um uns selbst zu komplettieren. Das nämlich müssen wir selbst machen, und eine der besten Praktiken dafür ist die Meditation.

Wenn wir verstehen, was unsere Essenz ist und wie wir in Wirklichkeit ticken, sind wir unabhängig. Manchmal bekommen wir einen kleinen Funken Ewigkeit zu spüren, dann sind wir verbunden mit dem größeren Feld und fühlen uns darin wie aufgelöst. Meistens passiert das draußen in der Natur, dort ist diese Energie einfach leichter für uns zugänglich. Oder beim Spielen mit einem Kind oder beim Sport. In diesen kurzen Momenten spüren wir, was transzendente Liebe ist, wir vergessen die Zeit und alles andere. Wir selbst sind Liebe.

In dem Moment, wo wir das merken und anfangen, darüber nachzudenken und uns zu freuen, gehen wir auch schon wieder direkt zurück in die kleine Box, in der wir unser Leben für gewöhnlich bestreiten. »Wie sehe ich aus? Wow, ich bin erleuchtet! Merken das die anderen auch? Habe ich genug Geld? Mögen mich die anderen auch

genug? Ich werde betrogen! Ich bin immer das Opfer ...«
Damit sind wir wieder in unseren üblichen Denkschleifen.
Das ist unsere alltägliche Dimension, in der wirkliche Lie-
be kaum einen Platz hat.

Mit der folgenden Reflexion laden wir dich ein, für dich
zu untersuchen, wie du in Sachen Beziehungen und Liebe,
Nähe und Austausch geprägt worden bist. Wir können nur
verändern, was wir auch kennen. Die Fragen sollen dich
dahin führen zu begreifen, wo du vielleicht stehen geblie-
ben bist und dich nicht weiterentwickelt hast. Denk dran,
dass sich die Muster, die dahinterstehen, nicht auf deine
Person oder die deiner Eltern beschränken. Sie wurden
vielleicht schon über Jahrhunderte weitergegeben und haben fast immer auch eine kollektive Komponente. Nimm
es also nicht zu persönlich. Falls bei dieser Reflexion un-
angenehme Gedanken oder Gefühle in Bezug auf deine
frühen Bezugspersonen hochkommen, Trauer, Ärger oder
Frustration, ist das okay. Lass diese Empfindungen einfach
da sein, und versuche auch zu verstehen, dass diese Menschen damals einfach nicht anders konnten.

Deine Übung:
Deine Prägungen in Sachen Liebe

Stell dich den folgenden Fragen und beantworte sie
wieder so ehrlich und klar wie möglich.

Wie sah dein Umfeld als Kind aus, wer waren
die primären Bezugspersonen (Mutter, Vater, Geschwister, Großeltern, Pflegeeltern, Adoptiveltern,

Kindermädchen ...)? Nimm dir für jeden wichtigen Menschen ein eigenes Blatt. Wie war es, mit diesem Menschen aufzuwachsen, wie war dein Verhältnis zu ihm?

Bezugsperson 1 (zum Beispiel deine Mutter)
Nenne drei Stärken und drei Schwächen, die du an ihr wahrnimmst:

1. _____
2. _____
3. _____

- Welchen Grad an Nähe hattest du zu diesem Menschen? Beziffere ihn von 1 (geringster Grad) bis 10 (höchster Grad). Was ist der Hintergrund für diese Einschätzung?
- Welchen Grad an wirklicher Verbindung und Verbindlichkeit hattest du zu diesem Menschen? Beziffere auch ihn von 1 bis 10. Was ist der Hintergrund für diese Einschätzung?
- Welchen Grad an Ehrlichkeit hast du in der Beziehung mit diesen Menschen erlebt? Beziffere auch ihn von 1 bis 10. Was ist der Hintergrund für diese Einschätzung?
- Wie wurden in deiner Familie Gefühle verarbeitet, und wie ging speziell dieser Mensch damit um?
- Wie wurde Liebe von ihm ausgedrückt?

- Welche Kernaussagen zum Leben hast du von dieser Bezugsperson mitbekommen?
- Hat sie das Leben als leidvoll oder als lustvoll empfunden?
- Wo findest du die Muster dieser Bezugsperson bei dir heutzutage wieder? Wo verhältst du dich so, wie dieser Mensch es früher gemacht oder von dir verlangt hat?

Beantworte die gleichen Fragen auch für die anderen dir nahen Menschen deiner Kindheit. Lass dir Zeit dafür – diese Reflexion kann recht tief gehen.

Die andere Seite

Du hast jetzt die Wahl, auf welcher Seite du dein Leben verbringen möchtest. Möchtest du grundsätzlich auf der Seite der Illusionen und der falschen Ichbezogenheit sein oder auf die Seite von wirklicher Wahrnehmung, spiritueller Weiterentwicklung und bedingungsloser Liebe wechseln?

Beinahe jeder von uns ist mit seinem eigenen Inneren im Konflikt. Wir kritisieren uns selbst für die kleinsten Kleinigkeiten und machen uns innerlich fertig. Wir können nicht sehen, was alles an wertvollen Qualitäten in uns ist. Vor allem kapieren wir nicht, dass die Qualitäten, die wir in jemand anderem wahrnehmen und dort vielleicht schätzen oder sogar beneiden, in uns selbst ebenfalls angelegt sind. Wir glauben, dass die guten Sachen in den anderen nur in ihnen sind und dass wir nur einen Zugang dazu haben, solange dieser Mensch auch bei uns ist. Dann sagen wir: »Mein Freund ist so liebevoll und nett!« Das klingt schön, aber es ist eine Projektion. Und vor allem machen wir uns damit von ihm abhängig und lassen ihn sofort wieder abmarschieren, wenn er mal nicht mehr liebevoll und nett auf uns wirkt. Seine guten Qualitäten aber, die uns so gefallen, die sind auch in uns selbst. Wenn wir sie dort ausfindig machen und kultivieren können, dann brauchen wir den anderen nicht mehr. Dann sind wir nicht mehr abhängig. Dann können wir das Zusammensein genießen, es ist aber nicht mehr notwendig für unsere gute Stimmung oder sogar unser Leben.

Wie aber gehen wir meistens vor? Wir wollen, dass uns der andere auf eine ganz bestimmte Art und Weise liebt und glücklich macht, nur dann lieben wir ihn auch zurück. Und so machen wir es sogar mit uns selbst, wir lieben und akzeptieren uns nur, wenn wir bestimmten Anforderungen gerecht werden, und das schaffen wir eben oft genug nicht. Es sind die sich wiederholenden »Wenn, dann …«-Schleifen. »Ich bin erst richtig liebenswert, wenn … ich abgenommen habe, befördert wurde, einen Marathon gelaufen bin, meine Kinder den Schwimmwettbewerb gewonnen haben …« Wenn wir diese Beurteilungsmuster loslassen könnten, wären wir endlich frei. Dann würden wir uns nicht mehr danach beurteilen, welche Ergebnisse wir erzielt haben. Wir würden uns freuen, dass wir unterwegs sind, dass wir unseren Prozess und unsere Entwicklung machen. Das ist wahre Selbstliebe – und die ist dann auch die einzig stabile Basis für liebevolle Beziehungen ohne Abhängigkeit und Verurteilung des anderen. Denn auch ihn müssen wir dann nicht mehr nach irgendwelchen Ergebnissen beurteilen, sondern können sehen, dass auch er unterwegs ist. Prozessorientiert statt ergebnisorientiert.

Der Weg führt: nach innen

Um auf dieser Seite der Möglichkeiten zu leben, in deiner wahren Essenz und nach deiner Bestimmung, musst du den Weg nach innen gehen. Du kannst nicht zu irgendjemand anderem gehen und sagen: Gib mir bitte den Schlüssel, Guru! Auch der Guru zeigt dir nur den Weg und die Richtung, gehen musst du selbst. Der Schlüssel, deinen Weg wirklich zu finden, ist die regelmäßige Meditation.

Den ganzen Tag über und auch in der Meditation spuken unzählige Gedanken durch deinen Kopf. Und sie sind so ziemlich alle bedeutungslos. Alles unwichtiger Quatsch, dem wir so viel Bedeutung beimessen! Deine wahre Essenz findest du in dem Moment zwischen den Gedanken. Vielleicht hast du diese Momente ohne Gedankenaktivität noch niemals wahrgenommen. Doch in deiner Meditation wirst du mit ihnen nach und nach vertraut, und du wirst lernen, diese Momente auszudehnen. In genau diesen Momenten, in deiner Essenz, wirst du auch die Liebe finden.

Selbstliebe beschränkt sich nicht darauf, einfach nur im Außen etwas für sich zu tun. Wir meinen mit Selbstliebe nicht eine schöne Massage, ein tolles Essen oder so etwas. All das solltest du dir natürlich trotzdem häufig gönnen, denn es setzt eine Art Grundton für die Musik, die wir hier spielen wollen. Mit solchen Dingen werden die Weichen neu gestellt.

Spüre mal rein in die Kraft, die du hättest, wenn du ganz du selbst wärst und dich vollkommen annehmen und lieben könntest.

Wir wollen darüber hinaus, wir wollen in einen Zustand, in dem wir unsere Energie aus uns selbst generieren können, unabhängig von allen anderen Menschen. Wir müssen nicht von unserem Partner geliebt werden, um uns ausreichend wertvoll zu fühlen. Wir brauchen keine besondere berufliche Position, um Selbstwert zu empfinden. Wir können diese Dinge anstreben und genießen, wenn wir sie haben. Aber sie sind nicht wichtig für unser Selbstbild.

Durch eine bedingungslose Liebe zu uns selbst werden wir nicht nur unabhängig, sondern auch stark und auf einer bestimmten Ebene unzerstörbar. Unsere psychosomatischen Leiden können dann endlich verschwinden und wir stehen voll in unserer Kraft. Wir müssen keinen Konventionen mehr genügen, wenn wir es nicht mehr wollen. Das ist wahre innere Freiheit, die uns auch im Außen freier macht.

Deine Innenwelt prägt
deine Außenwelt

Dein Umfeld wird von dir ganz entscheidend mitgestaltet. Es ist nicht etwas anderes, mit dem du nichts zu tun hast oder das dir widerfährt, sondern du co-kreierst es ständig mit. Deswegen ist deine eigene innere Verfassung auch so entscheidend, nicht nur für dein Leben, sondern auch für das deines Umfeldes. Deine Innenwelt strahlt nach außen ab.

Das ist das viel besprochene Prinzip der Resonanz. Menschen und Geschehnisse passen sich einander in ihrer Schwingung an. Was nicht zu deiner Schwingung passt, wird sich ihr anpassen (oder du wirst dich ihr anpassen) oder es wird verschwinden. Zwei Partner finden in einer Schwingung zusammen oder sie gehen wieder auseinander, was dann auch in Ordnung ist. Sicher hast du es schon erlebt, dass Menschen aus deinem Leben verschwunden sind, weil ihr euch einfach nichts mehr zu sagen hattet. Und es war letztlich kein Problem. Neue Menschen kommen, die mit deiner veränderten Frequenz in Resonanz sind. Verantwortlich bist du allein für deine Innenwelt, und für die brauchst du die regelmäßige Meditation.

Deine Meditation:
Lass deine Bezugspersonen gehen

Mach diese spezielle Meditation regelmäßig, so lange, bis du vollkommen im Reinen mit deinen Bezugspersonen der Kindheit bist und dein wirkliches Potenzial und das in dir gefunden hast, was man bedingungslose Liebe nennt. Das kann ein längerer Weg sein. Das ist völlig normal.

Stell deinen Timer auf fünf bis zehn Minuten. Setz dich bequem und aufrecht hin und schließ deine Augen. Verlangsame deine Atmung und komm zur Ruhe. Atme gleichmäßig und ruhig.

Fokussiere dich auf deine Bezugspersonen und mach dir bewusst: Sie haben es so gut gemacht, wie es ihnen möglich war. Jetzt ist es an der Zeit, sich von ihren Mustern zu befreien und weiterzugehen. Lass die Rollen los, die diese Menschen deiner Kindheit in deinem Leben immer noch spielen. Atme ruhig und gleichmäßig und lass sie los. Lass das Gewesene los, und lass auch die Muster gehen, die sich in dir daraus entwickelt haben. Bereite dich geistig darauf vor, neue Muster zu etablieren. Fühle alle Gefühle, und nimm die Gedankenkonstrukte wahr, die jetzt dein System verlassen. Lass sie bewusst gehen und spüre deinen Atem

Der aktuelle Moment

Meditation könnte ganz einfach heißen, im gegenwärtigen Moment zu verweilen. Mit einer regelmäßigen Praxis wirst du dann bemerken, dass du auch im Alltag immer häufiger einfach im jetzigen Moment sein kannst. Denn genau genommen ist der jetzige Moment das Einzige, was es überhaupt gibt.

Zeit ist eine Illusion

Die meisten Menschen nehmen die Zeit als einen Fluss wahr. Er kommt aus der Vergangenheit, fließt durch die Gegenwart und in die Zukunft. Unser Leben findet aber nur im aktuellen Moment statt. Ein paar Augenblicke weiter ist dieser Moment dann vergangen, so scheint es. Er fügt sich ein in das, was wir als unsere Vergangenheit ansehen. Eine feste Vergangenheit, an der sich nichts mehr ändern lässt. Die Gegenwart fließt scheinbar dorthin. Wenn du diesen Satz hier liest, ist der Moment, in dem du die letzte Überschrift gelesen hast, schon vorbei.

Die Zukunft wiederum liegt noch unsicher und nicht festgelegt vor uns. Wir empfinden sie irgendwie als flüssig, unfassbar und noch formlos. Außerdem haben wir meist das Gefühl, dass die Entscheidungen, die wir jetzt treffen, unsere Zukunft bestimmen werden, so wie die Entscheidungen unserer Vergangenheit unsere Gegenwart gestaltet haben. In dieser Linearität ist die Zeit für uns fassbar, und die Uhr, die wir nutzen, um die Zeit zu bestimmen, zeigt etwas an, das in einem immer gleichen Tempo dahinfließt.

Nach dieser linearen Vorstellung von Zeit leben wir unser ganzes Leben. Sie gibt uns allen einen gemeinsamen Rahmen und eine gemeinsame Sprache. Wir können uns verabreden, rechtzeitig einen Flieger erwischen und die Yogastunde beenden. Dennoch ist die Zeit in dieser Art nichts Reales, sondern nur ein operatives Werkzeug, mit dem wir unsere Gesellschaft strukturieren.

Daneben gibt es aber auch andere Vorstellungen von Zeit. Wir alle kennen zum Beispiel die subjektive Zeitwahrnehmung, in der eine Minute etwas ungeheuer Langes und auch etwas sehr Flüchtiges sein kann. Manchmal glauben wir, schon dreißig Minuten auf dem Zahnarztstuhl gesessen zu haben, dabei sind erst fünf Minuten vergangen. Und umgekehrt denken wir bei einem tollen Konzert, dass doch jetzt noch nicht schon zwei Stunden um sein können!

In der Wissenschaft und der Philosophie werden die Dinge genauer betrachtet. Seit Einsteins Relativitätstheorie ist bekannt, dass die Zeit nicht überall im Universum gleich ist, sie wird von Massen und Geschwindigkeiten verändert. Wenn sich zum Beispiel ein Mensch mit extrem hoher Geschwindigkeit durch den Raum bewegt, vergeht die Zeit für ihn langsamer. Dieses Phänomen wird

»Zeitdilatation« genannt. Wenn ein Raumfahrer sich also zu einer Reise aufmacht und dabei bis knapp unter die Lichtgeschwindigkeitsgrenze beschleunigt, vergehen auf der Erde viel mehr Jahre als im Raumschiff. Die Zeit ist also nicht universell und an jedem Ort gleich, wie noch im Newton'schen Universum vorausgesetzt. Wären überall im Universum Uhren aufgestellt, würden sie eben nicht überall gleich schnell »ticken«.

Für dich ist natürlich vor allem dein Zeiterleben wichtig. In deinem Leben geht es darum, wie du die Zeit subjektiv empfindest und wie lange du beispielsweise für bestimmte Dinge brauchst oder einfach Zeit hast. Oft setzen wir uns genau hierbei unter Druck und wollen immer mehr in die uns gegebene Zeit hineinpacken. Die objektive Zeit ist immer gleich auf der Erde – eine Minute ist immer eine Minute. Aber mal kommt sie uns lang vor, wenn wir zum Beispiel auf den Bus warten, und meist vergeht sie viel zu schnell, weil wir noch so vielen Aufgaben gerecht werden wollen. Am Ende geht es darum, mit der »subjektiven Zeit« entspannter umzugehen und nicht andauernd davon auszugehen, dass wir »keine Zeit haben«. Dann brauchen wir auch nicht ständig irgendwelchen Lifehacks hinterherzujagen, mit denen wir vielleicht zehn Minuten beim Gurkenschälen sparen können. Mit einer regelmäßigen Meditationspraxis begreifst du, dass es auch im Umgang mit der Zeit auf deine eigene Schwingung ankommt.

Immer wieder: Es geht nur um dich.
Du bist das Zentrum deiner Welt.

Wenn du noch ungeübt bist, den aktuellen Moment wirklich zu erfahren, dann wird dich etwas darin überraschen: die Stille. Wenn wir ganz in der Gegenwart sind, kann es noch so laut um uns herum sein, wir erleben eine eigentümliche Stille. Denn was aufgehört hat, das ist das Getobe in unserem Kopf. Für die meisten Menschen ist Stille bedrohlich, weil sie erst in dieser Stille erkennen, dass das Chaos gar nicht draußen ist – es war in ihrem eigenen Kopf. Wenn wir nicht zentriert sind, schleudern uns die Reize und Nachrichten und Umstände hin und her. Von Gelassenheit keine Spur. Wenn wir dann plötzlich einen Moment der Stille erleben, empfinden wir das schnell als bedrohlich.

Wir können dich aber beruhigen, die Idee, dass in der Stille alles anhält, ist nicht richtig. Dein Leben fließt natürlich weiter. Es geht auch gar nicht darum, in der Meditation alles oder irgendetwas anzuhalten, denn während du meditierst, bewegt sich das Universum weiter. Das gesamte. Alles wächst und vergeht, in jeder Sekunde. In der Meditation versuchen wir, in diesen natürlichen Fluss einzutauchen, uns ihm möglichst gelassen hinzugeben und uns mühelos von ihm tragen zu lassen. Als würden wir in ein Kanu steigen und auf einem Fluss dahingleiten. Wir bewegen uns mit der Realität und nicht mehr gegen sie. Im übertragenen Sinne nehmen wir den Fuß von den Pedalen, seien es nun Bremse oder Gas. Es ist paradox, denn in der Stille und in der Meditation, ohne aktives Zutun, erleben wir unsere größte und letztlich einzige Gestaltungskraft.

Achtsamkeit und Fokus

Vom Phänomen der Zeit sind wir auch wieder ganz schnell beim Thema Stress. Wir meinen, keine Zeit zu haben. Wir packen immer mehr Aufgaben, Erledigungen und Ablenkungen in unseren Tag und kommen dadurch ordentlich ins Hetzen. Was dagegen hilft, ist bekanntermaßen die Achtsamkeit, die natürlich ebenfalls in der Meditation geschult wird.

Das Gegenteil von Achtsamkeit ist Achtlosigkeit – und die begleitet uns leider sehr oft in unserem Alltag. Wir nehmen die Dinge um uns herum nicht wirklich wahr. Das tägliche Leben läuft im Autopilot-Modus. Bis wir fünfunddreißig Jahre alt sind, haben sich ungefähr 75 Prozent unserer Gewohnheiten verfestigt und laufen automatisch ab. Die meiste Zeit gehen wir daher gedankenlos und zerstreut durch unseren Alltag. Es ist alles automatisiert, was wir essen, wie wir Auto fahren, welche Meinungen wir zu bestimmen Dingen haben … Deswegen können wir auch die ganze Zeit aufs Handy starren, wir brauchen uns auf den Rest einfach nicht mehr zu konzentrieren. Es ist wie Fahrradfahren, es geht automatisch.

Und weißt du, wovon im täglichen Leben am meisten Stress ausgeht? Wenn diese Abläufe gestört werden. Wenn du plötzlich im Stau stehst und realisierst, dass du zu spät dran sein wirst oder dir nicht, wie sonst immer, vor dem Meeting noch den leckeren Kaffee holen kannst. Dein Kind ist krank und du musst es früher aus dem Kindergarten abholen. Dein Kollege ist im Urlaub, du musst seine Arbeit auch noch übernehmen. Du bekommst eine neue

Aufgabe zugewiesen und musst dich einarbeiten. Jemand sagt etwas Unfreundliches und du musst damit klarkommen. All diese eher kleinen Dinge machen in der Summe oft mehr Stress als die »großen« Themen im Leben.

Das Gute daran ist: Diese Einflussfaktoren kann man sehr gut beherrschen lernen. Vielleicht wollen sie nur unsere Achtsamkeit schulen. Wenn du lernst, all die kleinen Vorkommnisse als das zu sehen, was sie sind, merkst du: Keines für sich genommen ist wirklich schlimm.

Das Leben ist immer im Fluss. Probleme entstehen oft dann, wenn wir versuchen, an etwas festzuhalten, und es nicht mehr weiterziehen lassen.

Achtsamkeit bedeutet außerdem, die Dinge, die uns in unserem Leben begegnen, nicht immer auf dieselbe Weise zu betrachten und zu bewerten. Wenn ihnen jemand im Straßenverkehr die Vorfahrt nimmt, flippen viele Menschen hinter dem Lenkrad regelrecht aus. Doch wie würden sie die Situation bewerten, wenn sie wüssten, dass der Fahrer des anderen Wagens zum Beispiel auf dem Weg ins Krankenhaus zu seinem Kind wäre, das einen Unfall hatte? Sicher würden sie ihm dann die Vorfahrt gern gewähren. Wenn wir so etwas wie in diesem Beispiel erfahren, erschreckt uns das oft. Das heißt aber, es schreckt uns aus unserem Alltagsschlaf auf und macht uns plötzlich wach und achtsam.

Diese Mechanismen wirken auch, wenn wir andere Menschen neu kennenlernen, ebenso bei der Arbeit und auch bei der Beurteilung von gesellschaftlichen Situationen.

Wir sitzen dort sehr schnell unserem Schubladendenken auf und verwehren uns selbst die Chance, Dinge aus einem anderen, neuen Blickwinkel zu betrachten.

In Bezug auf unsere Beziehungen hilft es ebenfalls, sich immer wieder um Achtsamkeit und einen frischen Blick auf die Dinge zu bemühen. Es gibt Paare, die sich wegen der nicht zugedrehten Zahnpastatube trennen. Ein Partner kann diese Unachtsamkeit nicht mehr aushalten und empfindet sie als persönlichen Angriff, als Grenzüberschreitung, als Beweis dafür, vom anderen nicht gesehen zu werden. Wenn man dann am Ende fragt: »Warum hast du ihn oder sie nach fünfzehn Jahren verlassen?« Kommt dann die Antwort: »Der Deckel war nicht zugedreht«? Oder war es eher mangelnde Achtsamkeit, die sich in den Alltag der Beziehung geschlichen hatte?

Die Macht deines Denkens

Achtsam zu sein – und genau das übst du beim Meditieren – ist der beste Schlüssel zu einem gesünderen Umgang mit der Zeit. Denn Achtsamkeit reduziert den Stress, den wir im Leben auf allen möglichen Ebenen haben können, ganz erheblich. Das kommt mittelfristig gesehen auch daher, dass wir im Achtsamkeitsmodus überhaupt merken, was wir so alles den lieben langen Tag denken. Die Geheimwaffe für ein glückliches Leben ist tatsächlich ein klares und reflektiertes Denken.

Oft glauben wir, dass wir unglaublichen Stress haben. Wenn wir dann aber mal alles auflisten, was uns tatsächlich stresst, und es auf einer Skala von 1 bis 10 bewerten, wird das Bild schon klarer. Sofort wenden wir unsere Achtsamkeit auf die einzelnen Punkte an, und meist sind sie dann schon gar nicht mehr so stressig wie gedacht. Zum Beispiel die Zahnpastatube, die unser Partner offen gelassen hat. Aus dem Kontext herausgelöst und ohne der Situation noch zwanzig weitere Bedeutungsebenen zuzuschreiben, ist der Stressfaktor vielleicht eine 2. Die Tube zuzudrehen erfordert keine drei Sekunden Einsatz. Wir könnten es, dem anderen zuliebe, sogar gern und lächelnd tun. Wir müssten ihm kaum Bedeutung zumessen. Und wir könnten vielleicht sogar bedenken, dass auch wir Eigenschaften haben, in denen wir unbelehrbar sind und die den anderen ebenso auf die Palme bringen könnten wie uns dieser Zahnpastadeckel neben der Tube. Wahrscheinlich gibt es da so einiges, das uns nicht bewusst ist und das der andere stillschweigend für uns erledigt. In diesem Kontext ist die Zahnpastatube kein Problem mehr. Um Stress zu empfinden, wenn du sie im Bad nicht zugeschraubt vorfindest, musst du ganz schön Aufwand betreiben. In deinem Kopf.

Du siehst, die Entscheidung für die Intensität in solchen Vorgängen liegt bei dir. Jedes Mal neu. Und deine Reaktion entspricht mit ziemlicher Sicherheit deinen Programmierungen und Mustern. Es ist nicht dein wahres und weises Selbst, das sich hierbei gestresst und angegriffen fühlt, auch wenn du das vielleicht glaubst. Es ist das kleine Selbst, das Dinge sagt wie:

- »Nie passt er auf diese Sache auf, ich bin ihm anscheinend nicht wichtig.« Aus so einer Aussage spricht mangelnder Selbstwert.
- »Ist der eigentlich ein bisschen doof?« Eine Schuldzuweisung und Verurteilung.
- »Ich tue so viel für ihn, und nie bekomme ich, was ich will.« Die klassische Opferhaltung.

Wenn du gesund sein möchtest, ist es bei all dem Kleinkram im Alltag entscheidend, nicht einfach zu reagieren. Du hast so ein Nichtreagieren auf solche Äußerlichkeiten natürlich nicht von heute auf morgen zu 100 Prozent in der Hand. Doch mit Achtsamkeit kannst du immer besser bemerken, was du tust – oder was du gleich tun möchtest. Und dann kannst du es lassen, wenn es unsinnig wäre, und dein Verhalten bewusst steuern. Viele Situationen im Leben verlieren mithilfe der Achtsamkeit ihre Dramatik und emotionale Intensität und sind am Ende kein Stressfaktor mehr für dich. Ein intellektuelles Verstehen reicht hier (mal wieder) nicht. Dein Geist muss erst in dieses Framework, in diese Rahmenbedingungen gebracht werden. Und genau das – du ahnst es – macht die regelmäßige Meditation und die Praxis der Achtsamkeit im Alltag.

Think big

Eine weitere Sache musst du in diesem Zusammenhang wissen. Dieses Framing, also »Einrahmen« des eigenen Denkens und Handelns, sollte nach Möglichkeit nicht dazu führen, dass du dir neue enge Grenzen setzt. Man könnte sagen: Das, was zu deiner Wirklichkeit wird, ist das, was du dich traust zu sehen. Du bist nicht das Bild von dir selbst, mit dem du durch die Welt läufst. Hier passt die Strategie des »Think big«, denn meistens sind wir zu sparsam mit unseren Vorstellungen über das eigene Leben. Jeder hat Grenzen, das ist die Linie, bis zu der wir uns noch etwas vorstellen können. Danach nicht mehr.

Dazu hat es ein interessantes Experiment gegeben, das zeigt, wie sehr wir uns einschränken: Probanden wurde vorgegaukelt, dass sie sich für einen Job bewerben. Alles dafür Nötige wurde gemacht, Ausschreibungen, Vorstellungsgespräche und so weiter. Der Clou kam dann am Ende, zum Zeitpunkt des dritten Gesprächs, bei dem es nur noch darum gehen sollte, den Vertrag zu unterschreiben. Alles andere war bereits erledigt, und die Bewerber wussten, dass sie allen Anforderungen genügen und genommen werden.

Nun wurde Folgendes inszeniert: In dem Moment, als der Bewerber die Türklinke zum Besprechungsraum, in dem die Vertragsunterzeichnung stattfinden sollte, aufdrücken wollte, kam eine Dame angerannt. Sie entschuldigte sich wortreich und umständlich dafür, dass beim Gehalt ein Fehler passiert sei, es wäre von Anfang an eine Null vergessen worden. Der Bewerber würde also nicht 60 000, sondern 600 000 Euro Jahresgehalt bekommen.

Und nun halt dich fest: Nach dieser Nachricht haben 50 Prozent der Bewerber den Raum gar nicht mehr betreten. Sie sind gegangen, ohne den Vertrag zu unterschreiben. Sie konnten es sich schlicht nicht vorstellen, so viel »wert« zu sein.

Und bevor du dich nun entspannt zurücklehnst und denkst: Die Deppen, das wäre mir ja nicht im Traum passiert! Guck vorher lieber noch mal deine eigenen Begrenzungen an. Solche Limitierungen können auf allen Ebenen wirken – im Beruf, beim Geld, in unseren Beziehungen, in der Gesundheit, überall. Und wir haben sie alle.

Dass unser Geist solche Begrenzungen hat, hat dann natürlich auch Auswirkungen. Um zu verstehen, wie eng unser Geist und unsere körperlichen Abläufe verbunden sind, hier noch ein Beispiel: In einem Experiment wurde Diabetes-Typ-2-Patienten eine falsche Zeit vorgegaukelt. Bei dieser Erkrankung ist es wichtig, dass zu bestimmten festgelegten Zeiten Medikamente eingenommen werden. Den Probanden wurde nun während des Versuchszeitraums eine verlangsamte Zeit auf ihren Uhren angezeigt. Demzufolge veränderte sich auch die Einnahmezeit der Medikamente, denn die Patienten richteten sich nach der Uhr am Handgelenk. Das Ganze passierte natürlich unter ärztlicher Aufsicht und mit regelmäßigen Messungen.

Es wäre jetzt zu erwarten gewesen, dass sich der Körper davon nicht täuschen lässt und sich die Messwerte zu den »richtigen« Uhrzeiten verändern sollten. Dass sich also die »innere Uhr« nicht von der falsch gehenden Armbanduhr am Handgelenk täuschen lassen würde. Es war im Versuch aber so, dass sich der Körper an die verlangsamte Zeit anpasste. Die Vorstellung der Zeit im Geist der Probanden hat die körperlichen Abläufe gesteuert.

Der Geist hat die Kontrolle über die Materie, das gilt auch für unseren Körper und unsere Gesundheit.

Solche Experimente – und es gibt davon mittlerweile unzählige – beweisen das enorme Potenzial, das in unserem Geist steckt. Die Versuchsteilnehmer mit der Diabetes wussten natürlich nicht, dass ihre Uhren falsch gingen. Sie haben die darauf abzulesende Zeit als real angenommen, und ihr Körper hat sich darauf eingestellt.

Kreativität

Etwas, was die Achtsamkeit nachgewiesenermaßen positiv beeinflusst, ist die Kreativität. Und sie kann tatsächlich auch etwas sein, bei dem für uns die Zeit stehen zu bleiben scheint. Kreativität ist natürlich nicht auf bestimmte Berufe oder Tätigkeiten beschränkt. Die meisten Menschen denken, Kreativität habe etwas damit zu tun, Bilder zu malen oder Musik zu komponieren. Das aber machen nicht viele, sie jedenfalls nicht, also halten sie sich für nicht kreativ und wollen damit auch nichts weiter zu tun haben.

Aus unserer Sicht allerdings ist jeder Mensch kreativ, jeden Tag. Angefangen bei der Lösung von Alltagsproblemen (Wer nimmt das Auto, wer den Hund, wer kauft ein, was wird gegessen, und wer passt eigentlich auf die Kinder auf?), bis hin zur Lösung größerer Lebensthemen (Ziehe ich in eine andere Stadt, trenne ich mich von meinem Partner, übernehme ich das spannende Projekt?). Immer wird dabei Kreativität zu einem Faktor.

Um interessante und vielfältige Lösungen für alles, was in unserem Leben ansteht, zu entwickeln, ist ein spielerische und unverkrampfte Einstellung hilfreich. Sie ermöglicht uns, auch mal nicht linear und nicht systematisch zu denken, sondern den Sachverhalt oder die Aufgabe aus ganz verschiedenen Blickwinkeln zu betrachten. Häufig entwickeln sich daraus Lösungsansätze, auf die man vorher nicht gekommen wäre. Es geht darum, die eigene Vorstellungswelt auszudehnen und dann zu erkennen, dass die verrückteste Idee vielleicht nicht umsetzbar ist, aber es verschiebt sich die Mitte deutlich nach vorn. Der Gründer von Airbnb, Brian Chesky, hat eine inspirierendes Brainstorming mit seinem Team dazu gemacht. Er hat ihnen die Frage gestellt, wie ein Elf-Sterne-Check-in in eine Airbnb-Bleibe aussehen könnte. Ein Stern hieß, man klingelt an der Tür des Gastgebers, und er ist nicht da. Fünf Sterne bedeutete, man wird in einer toll hergerichteten und sauberen Wohnung freundlich empfangen. Bei sechs Sternen würde man zusätzlich mit einer Limousine am Flughafen abgeholt und der Kühlschrank wäre voll mit den Lieblingsspeisen des Gastes. Das Fahrrad dürfte er auch benutzen. So ging es immer weiter. Bei zehn Sternen würde man von einer jubelnd kreischenden Menge Menschen empfangen. Und bei elf Sternen? Elon Musk säße im Wohnzimmer und sagte: Ich habe eine Limousine draußen, wir fahren zum Spaceport, und du fliegst mit mir in den Weltraum.

Bei der Kreativität geht es nicht darum, dass alles realistisch ist und genau so umgesetzt werden muss. Es geht darum, Spaß an den Möglichkeiten zu haben, am Potenzial, am Vorstellbaren. Wir haben für dich eine Übung vorbereitet, mit der du diese Freude für dich entdecken kannst. Bring dabei gern auch das mit ein, was du bisher für dich über Meditation und Achtsamkeit erfahren hast. Aus der

Stille, aus deinem Innenleben heraus kommen oft die besten Ideen.

Deine Übung:
Kitzel deine Kreativität hervor

Worum geht es gerade bei dir? Nimm dir ein aktuelles Projekt oder Thema, eine Herausforderung oder an dich gestellte Aufgabe, und beantworte die folgenden Fragen. Lass deinen Ideen freien Lauf, und brems dich nicht ein. Du musst nicht realistisch sein. Trau dich zu spinnen. Das verschiebt das, was du für möglich hältst. Es weitet deinen Geist. Und am Ende kannst du dich immer noch fragen, was du tatsächlich umsetzen möchtest.

- Welche Möglichkeiten hast du, diese Aufgabe zu erfüllen?
- Was wäre die verrückteste Variante, um auf die Aufgabe zu reagieren?
- Wie würde es aussehen, wenn du deine Aufgabenstellung malst oder singst?
- Welche Herangehensweise an die Sache wäre in Übereinstimmung mit deiner eigenen Schwingung, mit deinem wahren Sein?
- Wo fühlst du dich behindert, und stimmt das auch wirklich? Oder behinderst du dich selbst?

Achtsamkeit für Führungskräfte – und das sind wir schließlich alle

In der Meditation geht es nicht darum, ein »Meditationshoch« zu empfinden und danach, wie anästhesiert, durchs Leben zu schweben. Erleuchtet und »spirituell fortgeschritten«, aber keinen Fuß mehr auf dem Boden? Das kann es nicht sein. Meditation, Achtsamkeit, das Erleben des jetzigen Momentes – all das üben wir, damit es dann unser Leben und unser Wirken verwandeln kann.

Damit ist es natürlich etwas für Führungskräfte – und damit für dich. Auch wenn du dich vielleicht gar nicht als Führungskraft wahrnimmst, weil du keinen typischen Job hast, mit dem man das assoziiert, solltest du hier doch genau hinhören. Denn wir alle führen andauernd, ob du nun eine Mutter bist, die ihre Kinder und die der Nachbarn zum Spielplatz bewegen möchte, ob du ein Trainer im Sportverein bist oder ein berufliches Team zu leiten hast. Die Mechanismen, die dabei wirken, sind immer die gleichen. Außerdem haben wir alle ordentlich damit zu tun, uns selbst zu führen: durch den Tag, durch bestimmte Projekte, durchs Leben.

Wichtig für dich als Führungskraft ist es, in dir eine geistige Offenheit zu erzeugen und dann zu bewahren. Die Vorverurteilungen im zwischenmenschlichen Bereich, die wir durch unsere Schubladenmentalität gern vornehmen, bremsen uns und die anderen. Wenn wir jemanden für aggressiv, impulsiv, unkreativ oder was auch immer halten, verlieren wir eine Menge Potenzial. Wenn wir mit so einer verurteilenden Einstellung gemeinsam an eine Aufgabe herangehen, können wir kaum gewinnen. Für eine Führungskraft ist es enorm wichtig, das Potenzial der anderen zu erkennen und sie dann entsprechend zu führen und an den richtigen Stellen einzusetzen.

Wenn wir voreingenommen sind, verstreichen Chancen allzu leicht ungenutzt. Wir können keine echte Beziehung zu anderen aufbauen. Und wir verkennen, was ihre Eigenschaften an Gutem bringen könnten. Jemand Impulsives ist spontan und meist sehr kommunikativ – warum sollten wir diese Person nicht genau dort einsetzen, wo das gebraucht wird? Jemand, der dazu neigt, aggressiv zu sein, hat oft ein starkes Durchhaltevermögen, das bei langfristigen und tendenziell monotonen Aufgaben von Vorteil sein kann. Und derjenige, den wir für wenig kreativ halten, ist vielleicht wunderbar darin, Dinge zu verwalten und Listen ordnungsgemäß zu führen. Auch das kann unser Projekt wahrscheinlich brauchen. Wieder geht es darum, den Blickwinkel zu wechseln und achtsam dafür zu sein, was der Moment von uns braucht. Dann können wir auch den Menschen, die wir in einer Sache führen, einen passenden Platz und eine sinnvolle Aufgabe geben. Und vor allem das Gefühl, dass sie gesehen werden.

Deine Meditation:
Fokussiert auf den Atem

Stell deinen Timer auf fünf bis fünfzehn Minuten.

Setz dich bequem und aufrecht hin, und schließ deine Augen. Spüre deine Atmung und verbinde dich damit. Empfinde die körperliche Aktion und verlangsame jetzt die Ein- und Ausatmung. Lass das Einatmen und das Ausatmen allmählich gleich lang werden. Beobachte, wie dein Rachenraum und der Bereich um deinen Kehlkopf herum weit und weich werden. Die Luft bewegt sich mühelos hinein und wieder heraus.

Fokussiere deine Aufmerksamkeit weiterhin ganz auf deine Atmung. Zähle immer zehn aufeinander-folgende Atemzüge und beginne dann von vorn. Wenn du abschweifst, kehrst du einfach zum Atem zurück und zählst weiter. Versuche den Fokus zu hal-ten, bis dir dein Timer ankündigt, dass die Meditati-onszeit zu Ende ist.

Alte Muster verlassen

Was ist das berühmteste Gemälde der Welt? Wir alle kennen die Antwort auf diese Frage: die Mona Lisa.

Wer ist der berühmteste Unternehmer der Welt? Richard Branson.

Oder, noch eine, wer ist der berühmteste Boxer aller Zeiten? Muhammad Ali natürlich.

Wie aber lautet die Antwort auf die Frage, welches das viertberühmteste Gemälde der Welt ist? Oder der drittbekannteste Boxer der Welt? Über diese Fragen müssen wir schon richtig nachdenken und mehrere mögliche Antworten abwägen. Wir müssen die reaktive und oberflächliche Ebene unseres Geistes verlassen und tiefer einsteigen.

Deine geistige Landkarte

Wir möchten dir mit einem einfachen Beispiel demonstrieren, wie unterschiedlich die geistigen Landkarten in jedem Einzelnen von uns sind: Stell dir selbst die Frage, ob du ein Athlet bist.

Denk kurz darüber nach und gib dir ein Ja oder Nein als Antwort. Du machst jetzt wahrscheinlich ein paar innerliche Abwägungen: Mache ich Wettkampfsport, gehe ich regelmäßig trainieren, bin ich schlank? Und so weiter. Am Ende hast du das alles betrachtet und gibst dir deine Antwort. Ganz klar ist, dass jeder eine ganz andere Vorstellung davon hat, was es bedeutet, ein Athlet zu sein. Für den einen muss Wettkampfsport mit professionellen Attributen her. Der Nächste denkt, er ist ein Athlet, weil er anderthalbmal die Woche ins Fitnesscenter geht. Die Kriterien sind individuell sehr unterschiedlich.

Das gilt für ganz viele Begriffe in unserer Sprache und damit auch in unserem Denken. Nimm nur »Frieden«, »glückliche Beziehung« oder »Wohlstand«. Jeder versteht darunter andere Dinge in seiner Innenwelt. Die Begriffe sind unscharf.

»You don't need eyes to see, you need vision.«
Faithless

Auf unserem gemeinsamen Weg ist dir vielleicht schon klar geworden, dass du so etwas wie eine Landkarte in dir hast. Unbewusst wählst du immer von dieser Landkarte die Wege, die du gehst, die Orte, die du besuchst, die Art, wie du die Dinge verstehst. Entstanden ist sie durch deine Prägungen, wie wir sie schon beschrieben haben. Alles hat für dich auf ganz individuelle Weise Bedeutung, sie sieht für andere Menschen eben meist ganz anders aus.

Der Hang zu Kontrolle …
und das Loslassen

Die alten Muster im Kopf haben immer etwas mit Kontrolle zu tun. In der westlichen Leistungs- und Performancegesellschaft ist es die Ultima Ratio, immer beschäftigt zu sein und alle Lebensbereiche unter Kontrolle zu behalten. Psychologisch gesehen hat diese Kontrolle dabei etwas mit Ängsten zu tun. Du musst nämlich dafür sorgen, dass sich all deine Befürchtungen nicht bewahrheiten – deswegen versuchst du dich selbst und die ganze Welt zu kontrollieren. Du beschäftigst dich mit allen möglichen Katastrophenszenarien, um dann vorbereitend alle nur denkbaren Maßnahmen zu ergreifen, damit diese Katastrophen bloß nicht eintreten. Du darfst auf keinen Fall schwach werden oder womöglich versagen, denn dann geht alles »den Bach runter«, und du landest »unter der Brücke«. Auch auf alle anderen Katastrophen, wie Überschwemmungen, einen Unfall, einen Todesfall, finanzielle Pleite, Jobverlust oder außerirdische Entführer, musst du vorbereitet sein.

Naturgemäß ist dieser Zustand der permanenten Kontrolle sehr anstrengend. Er leistet allen chronischen Erkrankungen Vorschub, die mit Stress assoziiert sind. Dazu gehören insbesondere Schlafstörungen, Bluthochdruck, Herzinfarkt und Verdauungsprobleme. Oft geht das Ganze so weit, dass sich Körper und Geist eine Auszeit regelrecht erzwingen müssen, indem sie dich zusammenbrechen lassen. An irgendeinem Punkt müssen sie das tun, wenn du zu lange Raubbau an deinen Ressourcen betrieben hast.

Oft belastet die übermäßige Kontrolle auch das Umfeld. Menschen mit einem regelrechten Kontrollzwang üben nämlich auch einen starken Einfluss auf die Menschen um sie herum aus. Alles muss so laufen, wie sie es wollen, ein Abweichen von ihrem Plan würde ihrer Meinung nach direkt in die Katastrophe führen. Aber natürlich kontrollieren wir alle in mehr oder weniger starkem Ausmaß unser Leben – und wieder ist es die Meditation, die uns die Wahrnehmung darüber schenkt, was wir da eigentlich treiben.

Kontrolle ist nämlich eine Illusion. Die Lebensumstände und die Menschen um uns herum können wir nicht kontrollieren. Wir können ja noch nicht mal kontrollieren, welche Gedanken in unseren Kopf kommen. Das Leben passiert einfach. Was du allerdings lenken kannst, und das lassen viele Menschen gänzlich außer Acht, ist deine eigene Perspektive auf die Dinge. Und die wiederum lenkst du mit deiner Aufmerksamkeit.

Auf der körperlichen Ebene löst man Spannung mit langanhaltenden Dehnungen, wie im Yin Yoga. Dort gibt es Momente, meistens nach zwei oder drei Minuten in einer Haltung, wo der gesamte muskuläre Tonus herabgesetzt wird, oft von einem Stöhnen oder Seufzen begleitet. Da lässt das Körper-Geist-System spürbar los. Man kann diesen Punkt der Entspannung auch in der Meditation suchen und finden. Es ist der Gegenpol zum ständigen Festhalten und zum angstgetriebenen Kontrollwahn.

Kontrolle in größeren Feldern

Kontrolle wird nicht nur von Individuen ausgeübt, sondern auch auf höheren Ebenen. In beinahe allen Organisationen werden die Mitglieder und ihr Verhalten kontrolliert. Das geht vom Sportverein über eine Stadt bis hin zum ganzen Staat. Im Kapitel »Scheinbar Unumstößliches infrage stellen« werden wir darauf noch mal zurückkommen.

Es gibt dabei noch eine andere Kontrollinstanz, die die meisten Menschen gar nicht als solche ansehen. Wir sprechen von der Unterhaltungsindustrie und den (sozialen) Medien. Facebook zum Beispiel hatte 2019 ein Reichweite von etwa zwei Milliarden Menschen. Das sind ungefähr so viele Nutzer, wie die größte Weltreligion, das Christentum, Mitglieder hat. Das ist ein langer Hebel, um Kontrolle auszuüben.

Instagram und YouTube bewegen sich in einer vergleichbaren Dimension. Praktisch die ganze Welt schaut Youtube, und 70 Prozent der User folgen beim Schauen den von Youtube gemachten Vorschlägen, die zu ihrem Profil passen. Uns wird etwas vorgesetzt, und wir konsumieren es bereitwillig. Dabei entsteht eine sich selbst verstärkende Filterblase: Je mehr wir eine Art von Inhalt konsumieren, umso mehr von dieser Art bekommen wir empfohlen, und schauen deswegen noch mehr davon. Geschickte Algorithmen sorgen im Hintergrund dafür, dass wir uns in eine bestimmte Richtung bewegen.

Welches Ausmaß so etwas haben kann, zeigt sich, wenn bestimmte Interessengruppen über die sozialen Medien beispielsweise Einfluss auf die politische Landschaft und bestimmte Wahlen nehmen. Immer in einer genau auf den User abgestimmten Form. In deinem Profil offenbarst du persönliche Vorlieben und andere Daten – und darauf abgestimmt werden dir bestimmte Anzeigen gezeigt. Menschen mit einem anderen Profil bekommen eine andere Anzeige. Im Fachjargon heißt das »Micro-Targeting«. Zeigt das Profil von jemandem politisch rechte Tendenzen, kombiniert mit Angst, dann wird ihm politischer oder Werbeinhalt mit dieser Färbung eingespielt. Zeigt sich jemand in seinem Profil als Unternehmer mit liberalen Ansichten, sieht der Inhalt dessen, was man ihm offeriert, ganz anders aus. Auf diese Weise ist eine immense Einflussnahme möglich. Im Cambridge-Analytica-Skandal im Zusammenhang mit den Wahlen von Donald Trump ist das beispielsweise deutlich geworden.

Als vor einigen Jahren Instagram oder YouTube erfunden und konstruiert wurden, verfolgte damit sicher niemand eine böse Absicht. YouTube sollte es jedermann ermöglichen, kleine Filme zu zeigen, mit Instagram sollte man mit seinen Freunden seine Urlaubs- oder Alltagsbilder teilen können. Trotzdem war im Design diese Einflussmöglichkeit bereits eingebaut, ohne dass jemand die Folgen schon hätte abschätzen können. »Big Brother« ist heute auf vielen Ebenen Realität. Ging die Überwachung im Roman *1984* nur vom Staat aus, kam mittlerweile so etwas wie der Rattenfänger von Hameln dazu, der tanzt und Flöte spielt. Er lullt uns bis zur völligen medialen Betäubung ein und beeinflusst uns subtil.

Aber all das ist zum Glück kein Schicksal, denn mit einem erweckten Geist kannst du deinen Konsum dieser

Medien begrenzen und bist klar genug im Kopf, dich eben nicht beeinflussen zu lassen.

Warum braucht es die Stille?

Vor einer Veränderung steht immer eine Entscheidung. Wenn es um große Themen geht, gibt es immer viele Dogmen, Institutionen und Wertewelten, die dir ihre Meinung sagen, aufzwingen oder auch befehlen wollen. Beim Kinderkriegen zum Beispiel gibt es eine ganze Menge davon. Gerade Dirk als Mann war geschockt, wie hart, verwirrt und unfürsorglich schwangere Frauen miteinander umgehen. Sie verurteilen sich gegenseitig aufs Schärfste: »Wenn du nicht natürlich gebärst, bist du keine richtige Frau.« »Wenn du nicht stillst, ebenfalls nicht.« Und so weiter.

Die mehr oder weniger subtile Einflussnahme (»Du wirst schon sehen, was du davon hast ...«) soll den anderen Angst einjagen. Bei uns aber war sie gänzlich unerwünscht und unnötig. Andrea war nämlich durchaus in der Lage, solche grundsätzlichen Dinge ganz klar für sich zu entscheiden. Sie war im Kontakt mit den beiden Wesen in ihrem Bauch und hatte, besonders aufgrund ihrer Körperfülle am Ende der Schwangerschaft, nur noch eine Meditationspraxis: das Sein in der Stille.

Nur in der Stille mit sich selbst findet man die Antworten auf die großen Fragen. Wenn du nicht in der Lage bist, dich von deinen lärmenden Gedanken zu entfernen, hörst du nicht die innere Stimme, die dir schnell die passende Antwort gibt. Sie kann sogar den chronisch Verwirrten helfen, die schon bei den einfachsten Entscheidungen überfordert sind. Aus Angst, die verkehrte Entscheidung zu treffen, machen sie oft überhaupt nichts. Mit diesen Menschen kann man einen Shopping-Nachmittag verbringen und ohne einen einzigen Einkauf nach Hause gehen. Sie wissen oft nicht, ob sie heute Weißbrot oder Schwarzbrot essen wollen, mit dem Fahrrad oder dem Auto zur Arbeit fahren oder die grüne oder die gelbe Jacke anziehen sollen. Umso schwerer fällt ihnen die Entscheidung, ob sie sich am Rücken operieren lassen, den Job kündigen, sich vom Partner trennen oder das Baby behalten sollen.

In der Stille der Meditation kannst du das richtige Zeichen aus deinem Inneren bekommen.

Natürlich bleibt es bei größeren Entscheidungen wichtig, alle sachlichen Argumente abzuwägen und alle Szenarien einmal klar zu durchdenken. Dann aber wird es Zeit, das eigene wahre Selbst zurate zu ziehen. Nichts eignet sich dafür besser als die Meditation – und wenn wir in der Praxis schon geübt sind, fällt es uns natürlich leichter, wirklich in die Stille zu gehen, wo wir frei von Ängsten und Zwängen sind.

Dann ist uns auch klar, dass unsere Entscheidungen fast nie für die Ewigkeit sind. Drei Monate später können wir auch alles wieder ändern. Das gilt nicht für alle Entscheidungen, die meisten aber sind nicht so fix, wie wir meist denken. Man kann letztlich immer nur im aktuellen Moment entscheiden, was jetzt stimmig ist. Denn alles wandelt sich ständig. Über die Mehrzahl der Dinge muss man auch nicht groß nachdenken. Du weißt schon, ob du alte Freunde anrufen willst, ausgehen oder einen Kaffee trinken willst. Diese Dinge entscheiden sich quasi von selbst. Du musst deiner inneren Stimme nur den Raum geben.

Stille

Ich (Dirk) leite ein Meditationsseminar in unserer Schule. Ich erzähle von den Stufen der Meditation. Die Vorstellungsrunde ist gerade vorbei, wir sind noch am Anfang. Während ich rede, nicken alle fleißig, manche machen auch zustimmende Gesten oder »hmmhm«. Das machen am Anfang alle, sie wollen freundliche und aktive Zuhörer sein.

»Ja, das hab ich schon mal gehört, und zwar da und da«, denkt jemand. »Stimmt, das habe ich auch gelesen, im Dingsbums-Magazin«, jemand anderes. »Ja, die Erfahrung habe ich auch gemacht, und zwar beim Dingsda«, denkt eine Dritte. Man kann es von außen förmlich sehen. Wenn die Schüler so drauf sind, weiß ich, dass ihr Verstand sehr aktiv ist. Aktives Zuhören eben. Der Verstand arbeitet, stellt andauernd irgendwelche Verbindungen her, kramt die ganze Zeit in seinen Erinnerungen und prüft, ob er irgendetwas dazu sagen könnte, was passt. Wenn die Leute so unterwegs sind, dann bewegen sie sich nur auf der Oberfläche. Das hier soll aber ein Meditationsseminar sein.

Also mache ich eine lange Pause. Die Teilnehmer halten sie kaum aus. Danach sage ich, dass ich ihre Bestätigung nicht brauche. Ich weiß, dass das, was ich sage, stimmt.

Beinahe alle fühlen sich ertappt und durchschaut.

Mit einem Mal werden die Schüler still wie eine Schar Buddhastatuen und hören mit ihrem Sein zu und nicht mehr mit ihrem Verstand. Das entspannt alle ungemein und bringt mehr Ebenen des Zuhörens ins Spiel.

Deine Meditation: Schulung der Intuition

Es ist nicht selbstverständlich, sich weiterzuentwickeln. Viele von uns hoffen das, aber du musst eine tägliche, bewusste Praxis verfolgen, damit es vorangehen kann. Wenn wir uns »natürlich« verhalten, kommen nur die Muster in uns an die Oberfläche, und wir reagieren unreflektiert. Instinktiv. Wir wollen aber intuitiv handeln, wir wollen selbst erspüren, was das Richtige ist, in jeder neuen Situation.

Stell dafür deinen Timer auf fünf bis zehn Minuten. Setz dich gerade hin und schließ die Augen. Lass alle Gedanken los. Schieb sie von dir weg, wann immer sie auftauchen.

Schau dir jetzt »den Berg aus der Entfernung« an. In der Kampfkunst geht es darum, alles zu sehen, aber auf kein Detail fokussiert zu sein. Nur so bekommt man die Gesamtheit der Situation mit. Obwohl man nicht nach unten schaut, sieht man die subtilen Bewegungen des gegnerischen Fußes, wenn er zu einem Angriff ansetzt. Hätte man in dieser Situation die Hände im Fokus gehabt, wäre einem dieses wichtige Detail entgangen, und der Angriff hätte Erfolg gehabt. Sieh in deiner Meditation also alles auf einmal und kein einzelnes Detail. Du siehst nicht die winzig kleine Seilschaft, die die Fesen hochklettert, das geht erst, wenn du den Fokus auf eine Stelle richtest. Du aber siehst das Ganze. So trainierst du deine Intuition.

Andere gehen lassen

Meditation und die damit verbundene persönliche Weiterentwicklung führen im Allgemeinen dazu, dass du dich selbst besser kennenlernst. Dabei ist es beinahe unvermeidbar, dass du auf Lebensbereiche stößt, die für dich nicht mehr zeitgemäß sind. Alte Verhaltensmuster werden dir bewusst, nach denen du ab jetzt einfach nicht mehr leben willst. Und es kann gut sein, dass du bestimmte Leute loslassen und Aktivitäten, die dich mit ihnen verbunden haben, einfach nicht mehr tun willst. Du hast kein Verlangen mehr nach dem, was sich früher für dich richtig, spaßig oder inspirierend angefühlt hat. Es ist plötzlich bedeutungslos. Wie bei einem Kind, das zum Teenager geworden ist und nun mal nicht mehr auf den Spielplatz gehen will. Die Zeit ist vorbei. Und sie kommt auch nicht zurück.

Wenn du so etwas bemerkst und das Gefühl hast, mit bestimmten Dingen nur noch deine Zeit zu verschwenden, dann bleib freundlich, aber geh unbedingt deinen Weg weiter. Alles in der Welt ist sowieso endlich, irgendwann wird immer die Zeit kommen, dass sich etwas verabschiedet. Es ist sehr befreiend, alte Verpflichtungen von sich aus loszulassen, wenn es Zeit dafür ist. Es ist so ähnlich, wie man alte Sachen, die man nicht mehr anzieht, weitergibt.

Es gehört immer zur Weiterentwicklung, etwas Altes zu »zerstören«, um danach etwas Neues aufzubauen.

Wenn du beispielsweise früher Leistungssportler warst, aber seit zehn Jahren in diesem Universum nicht mehr unterwegs bist, wird es Zeit, sich voll und ganz den aktuellen Themen zuzuwenden und nicht immer weiter in der Vergangenheit zu schwelgen und von früher zu erzählen. Du bist mittlerweile in einer anderen Lebensphase, die Dinge aus der Vergangenheit sind bedeutungslos geworden. Im aktuellen Moment sind ganz andere Qualitäten vonnöten.

Und wenn dazugehört, Menschen gehen zu lassen, dann ist das in Ordnung. Auch ihre Weiterentwicklung geht in ihrem Tempo weiter. Manchmal passiert es, dass sich zwei Menschen über sehr lange Zeit parallel so weiterentwickeln, dass ihre Verbindung hält. Und oftmals geht der eine schneller voran oder nimmt einen anderen Weg – und dann kann es Zeit sein, sich zu lösen.

Gesunde Grenzen setzen

Mit deiner fortschreitenden Meditationspraxis wirst du auch entdecken, wie wertvoll es ist, sich auf gesunde Weise abgrenzen zu können. Das nämlich gibt dir die Lenkungshoheit über dein Leben zurück. Wir neigen ganz allgemein dazu, das Ruder lieber bequem aus der Hand zu geben. Doch mit einem geklärten Geist wirst du das immer weniger wollen.

Einer der ersten Schritte, die du dafür konkret üben kannst, ist das Neinsagen. In beinahe allen Lebensbereichen tragen andere Leute Aufgaben an uns heran, oft aus Faulheit, Ignoranz oder Gewohnheit. Oder sie übergehen dich. Kennst du solche Sachen?

- Kollegen, denen du eine Mail geschrieben haben, fragen dich, was da drinsteht, statt sie zu lesen.
- Familienmitglieder räumen ihre Sachen nicht weg, sie sind daran gewöhnt, dass du es machst.
- Wenn sich jemand an der Kasse vordrängelt, halten alle den Mund, weil sie keinen Ärger wollen.
- Andere Menschen behandeln dich respektlos oder setzen dich herab.
- Du wirst ausgenutzt.
- Du lässt dich manipulieren.

Wenn man so mit sich umgehen lässt, steht dahinter meist die diffuse Angst, nicht mehr gemocht oder geliebt zu werden, wenn man die Dinge tatsächlich beim Namen nennt und die anderen damit konfrontiert. Man verbleibt lieber in toxischen Beziehungen, Jobs und Abhängigkeiten. Man lässt sich weiter ausnutzen. Man hilft allen anderen, nur nicht sich selbst.

Doch auf diese Weise verliert man allmählich die Kontrolle über sein Leben und lässt die anderen den Grundton und die Agenda bestimmen. Die Selbstwirksamkeit ist dahin, die Zufriedenheit auch, und irgendwann tauchen dann vielleicht sogar Krankheiten auf. Körper und Geist zwingen dich auf ihre Weise zum Nachdenken. In mehr oder weniger starker Intensität kennen das fast alle von uns.

Wie aber finden wir jetzt aus dieser Situation wieder heraus, in die wir uns da bewusst oder unbewusst hineinmanövriert haben? Am Anfang steht die Erkenntnis, dass dieses Verhalten dich behindert. Und Achtung, jetzt kommt's:

Du bist nicht das Opfer der Umstände. Du bist nicht nur der Gutmensch, der ja nur versucht, es allen recht zu machen oder allen zu helfen.

»Ich muss doch für die anderen da sein!« Das hören wir ganz oft. Doch diese Einstellung ist narzisstisch. Du versuchst nämlich deinerseits, etwas von den anderen Menschen zurückzubekommen und dich selbst aufzuwerten. Mit deinen eigenen Themen brauchst du dich dann auch nicht auseinanderzusetzen, du musst ja allen anderen helfen. Das ist selbstbezogen, arrogant und nebenbei auch zum Scheitern verurteilt.

Du musst deine Grenzen setzen und von den Menschen etwas einfordern. Du brauchst niemandem helfen, seine Sachen aufzuräumen, und du musst auch niemandem Geld leihen, wenn du das nicht möchtest. Du brauchst nur Nein zu sagen. Freundlich und bestimmt. Die Menschen sollen ja nicht von dir abhängig werden. Und du brauchst sie auch nicht, um dich aufzuwerten. Befreie dich aus diesem Trugschluss von: »Ich helfe wirklich allen, was bin ich für ein wertvoller Mensch! Die Menschheit braucht mich, ich bin so selbstlos!«

Deine Energie ziehst du nur aus dir selbst, und du kannst den anderen sowieso nicht helfen, das können sie nur selbst. Wenn du wirklich helfen willst, dann geh voran und bearbeite deine eigenen Themen. Nicht die der anderen. Es ist sehr leicht und moralisch komfortabel, sich in dieser »Ich bin Superman und helfe wirklich allen«-Einstellung wohlzufühlen. Es hindert aber dich und die anderen daran, selbst zu wachsen.

Erkennen, was ist, und loslassen

Wenn du die Bereiche, in denen dieses Muster auf dich zutrifft, identifiziert hast, geht es ans Konfrontieren. Es ist jetzt dein Job, die Dinge klar auszusprechen, für die du ab sofort nicht mehr zur Verfügung stehst. Die Bereiche, in denen du nicht mehr bereit bist, die Verantwortung zu übernehmen. Wenn du das tust, wenn du also den Status quo veränderst, erwarte nicht, dass dir die anderen applaudieren. Stell dich auf Gegenwind, Leugnung und Veränderungsunwilligkeit ein.

Wenn du deiner Familie sagst, sie muss ab jetzt das Geschirr nach dem Essen selbst abräumen, und zwar ohne Wenn und Aber, kommen allerlei Einwände. »Das machen wir doch schon!« »Beim letzten Mal war das nur ein Versehen.« »Wir machen im Haushalt dafür andere Sachen.« »Was ist denn mit dir los? Warum machst du so viel Wind um so eine kleine Sache?« Und so weiter. Die anderen werden kreativ und erfinderisch. Davon solltest du ausgehen.

Eine Situation wie diese ist aber relativ einfach zu lösen. Es geht ja nur um ein sachliches Problem. Erwarte nur nicht, dass sich die anderen bei dir dafür bedanken, dass du ihnen eine Chance zur Weiterentwicklung gibst.

Das wird wahrscheinlich nicht passieren. Doch du sprichst klar aus, worum es dir geht. Und dann handelst du danach. Das heißt, dass du das Geschirr nach dem Abendessen nun auch wirklich stehen lässt, egal ob die anderen es wegräumen oder nicht.

Schüler: »Meister, du arbeitest doch nur im Garten, wieso trainierst du so viel Kampfkunst?«

Meister: »Ich bin lieber ein Krieger im Garten als ein Gärtner im Krieg.«

Schwieriger wird es, wenn es darum geht, ein respektloses Verhalten anderer zu beenden oder gar einen Missbrauch. Um hier die Situation aufzulösen, ist die »Bereitschaft zum Tod« notwendig. Nicht im wörtlichen, aber im übertragenden Sinne. Wenn du bestimmte Verhaltensweisen von deinem Partner oder einem anderen Menschen nicht mehr dulden möchtest, musst du bereit sein zu gehen. Mit allen Konsequenzen. Wenn es sein muss, musst du bereit sein, alle Annehmlichkeiten, seinen guten Verdienst und das Haus oder was auch immer sausen zu lassen. Sonst wirst du nicht überzeugend sein. Der Samurai ist unbesiegbar, weil er keine Angst vor dem Tod hat. Für dich gilt das im übertragenen Sinne. Wenn du bereit bist, die Konsequenzen zu tragen, und dein Gegenüber das auch spürt, dann hast du dich endlich durchgesetzt.

Das, worum es hier geht, ist ein Weg in die Selbstverantwortung. Sie wird dich sehr viel stärker machen und dich von einer Menge an sozialem Druck und dem Zwang zur

Konformität entlasten. Um das zu üben, empfehlen wir dir folgende Übung. Sie klingt leichter, als sie tatsächlich ist.

Deine Übung:
Ich stehe nicht mehr zur Verfügung!

Nimm dir ein Blatt Papier und schreib darauf: »Ich stehe nicht mehr zur Verfügung für …« Liste auf, was du nicht mehr bereit bist zu tun oder hinzunehmen.

Wähle dann einen Punkt von diesem Blatt. Überleg dir, wie du demjenigen, den es betrifft, deinen Entschluss mitteilen wirst. Sei dabei ruhig und sachlich. Du musst darauf vorbereitet sein, dass eine Pause entsteht, nachdem du gesprochen hast. Diese Pause musst du unbedingt aushalten. Warte auf jeden Fall, bis der andere sich zu dem äußert, was du gesagt hast.

Fang auf keinen Fall an, dich zu rechtfertigen oder Verständnis für dich einzufordern oder zu erbitten. Bleib freundlich und sachlich, und tu nichts, was deine Forderung wieder verwässern oder verniedlichen könnte. Wenn du das nicht gewohnt bist, kommt es dir wahrscheinlich komisch vor. Aber am Ende gewinnt immer das Prinzip der Klarheit.

In der Selbstverteidigung äußert sich die notwendige Klarheit vor allen Dingen energetisch. Es geht nicht darum, einen potenziellen Angreifer hysterisch anzuschreien, auszulachen oder etwas Ähnliches. Einen Angriff vermeidet man, indem man die eigene Entschiedenheit signalisiert. »Du kannst kommen, und vielleicht gewinne ich auch nicht, aber ganz klar ist: Es wird auch für dich total ätzend.« Mit diesem Mindset wirst du nicht mehr kämpfen müssen. Es ist das scheinbare Paradox, kämpfen zu lernen, ohne es je zu müssen.

Deine Meditation: Werde dir deiner Gefühle bewusst

Am Anfang unserer Praxis ist uns oft nicht bewusst, wie wir uns eigentlich fühlen. Wir sind im konzeptionellen Denken verhaftet und wollen etwas tun. Auch beim Meditieren. Es kommt aber darauf an, auch zu erfahren, wie unsere Empfindungen und Gefühle sind. Viele sind sehr langlebig und andere verschwinden beinahe sofort wieder, sobald man sie wahrgenommen hat. Das eigene Fühlen zu kennen bereichert und vereinfacht das Leben ungemein. Und du kannst es üben.

Stell deinen Timer wieder auf fünf bis zehn Minuten, setz dich aufrecht und bequem hin, und schließ die Augen. Spüre in dich hinein. Wie fühlst du dich? Rastlos, ruhig, gestresst, aufgeregt, konzentriert, abgelenkt, ärgerlich, freudig, ruhig, traurig …? Alles ist in Ordnung, nichts ist gut oder schlecht. Es geht lediglich darum, zu bemerken, was in dir los ist. Bleib dabei, deine Gefühle und Empfindungen wahrzunehmen und zu beobachten, wie sie kommen und gehen.

Stoppe deinen Neid

In unseren Yogaklassen betonen wir am Anfang immer, das es nicht wichtig ist, wie gut man eine Haltung beherrscht oder wie flexibel man ist. Das Ziel ist die Stimulation von Regenerations- und Reparaturprozessen. Und die finden bei jedem statt, egal ob biegsam oder nicht, Hauptsache, er praktiziert.

Wenn wir das sagen, dann nicken alle fleißig und verstehen es intellektuell natürlich auch. Wenn wir dann allerdings eine halbe Stunde später einen Spagat machen, gucken sich alle im Raum um, wer der »Beste« ist. Und sie vergleichen sich dann natürlich.

Was ist das Ergebnis? Sie fühlen sich minderwertig. Weil sie nicht so toll Spagat können wie XY in der ersten Reihe. Sie denken, dass ihr eigenes Leben im Vergleich zu XY da vorn wahrscheinlich öde und leer ist. Und wenn sie auch einen Spagat könnten, wäre endlich alles gut. Wenn … dann … vorher nicht.

Wir wissen natürlich alle, dass das Quatsch ist. Aber dieses vergleichende Verhalten ist besonders tief in unsere Denkmuster eingebrannt. Die meisten bemerken es nicht einmal. Die Frage, wozu die Schüler unbedingt einen Spagat können wollen, bleibt immer unbeantwortet. Niemand ist dafür berühmt geworden, dass er einen Spagat konnte. Martin Luther King wurde durch seine Worte und Taten eine Legende. Aber nicht, weil er einen Spagat konnte. Das kann es also nicht sein. Oder musst du aufhören, Klopapier zu kaufen, oder werden andere Alltagsverrichtungen verschwinden, wenn du den Spagat gemeistert hast? Auch das nicht. Wird weißes Licht auf dich herabscheinen und wirst du dann die Weltformel verstanden haben? Wir glauben, nicht. Also kannst du aufhören, andauernd in Nachbars Garten zu sehen und ihn um das zu beneiden, was er hat und kann.

Neid, Gier, Eifersucht und das Bewerten

Emotionen wie Neid, aber auch Eifersucht und Gier sind in uns allen ab und zu aktiv. Anscheinend liegt es in unserer Natur, mehr haben zu wollen als andere, genau das haben zu wollen, was andere haben, und das, was wir haben, nicht teilen oder hergeben zu wollen. Es gibt dafür entwicklungsgeschichtliche Gründe, wahrscheinlich war so ein Verhalten einmal sinnvoll für unsere Art. Das ist zumindest ein Erklärungsansatz.

In unserer aktuellen Zeit sind diese Gefühle aber nicht mehr besonders nützlich. Trotzdem tauchen sie in unserem Leben permanent auf, behindern uns und sorgen für Stillstand und einen verkehrt ausgerichteten Fokus. Sie sind nicht zuletzt die Wurzel für Rassismus, Homophobie,

Kriege, Gewalt und Unterdrückung aller Art. Es ist also durchaus sinnvoll, vor allem den Neid einmal genauer zu betrachten.

In dem Moment, in dem du neidisch auf andere bist, befindest du dich im Außen – dein Fokus liegt auf jemand anderem. Für dich ist es ein Mangel, nicht das zu haben, was er hat, und das geht mit einem Gefühl von Minderwertigkeit einher. Du denkst dann Dinge wie »Immer die anderen!«, »Der Teufel scheißt immer auf den großen Haufen« oder »Jetzt will ich auch mal dran sein!«.

Du beschwerst dich über die vermeintliche Ungerechtigkeit und wertest zusätzlich den anderen noch ab. »Die muss es ja nötig haben« oder »Na ja, schön finde ich das ja nicht, aber das muss jeder selbst entscheiden« sind dann übliche Äußerungen. Sie drücken deine innere Bedürftigkeit aus und weisen auf die Leere in deinem Inneren hin, die du versuchst mit Äußerlichkeiten zu füllen und indem du dich über die Herabsetzung anderer aufwertest.

Es ist deinem Verstand dabei natürlich schon klar, dass es keine direkte Kausalität gibt. Dass dein Nachbar Erfolg im Beruf hat und deswegen viel Geld verdient, hat nichts mit deiner stockenden Karriere zu tun. Er verdient ja nicht dein Geld, das andernfalls du bekommen würdest. Es hat nichts miteinander zu tun. Aber der Neid gaukelt dir vor, es wäre so.

Deine Übung: Gefühlswellen

Erinnere dich an eine Situation, in der du einem engen Beziehungspartner gegenüber – sei es dein Partner, dein Kind, eine enge Freundin oder auch ein Kollege – Emotionen wie Neid, Gier oder Eifersucht gefühlt hast.

Geh noch einmal in deiner Vorstellung in diese Situation hinein. Anstatt einfach zu reagieren, stell dir nun vor, du lässt diese Gefühle kommen wie eine Welle und wieder gehen. Die Welle strömt heran, erreicht ihren Höhepunkt und zieht weiter. Nimm die Beobachterperspektive ein. Bleib für ein paar Minuten dabei, die Situation auf diese Weise wahrzunehmen. Wie fühlt sie sich jetzt an?

Wohlwollende Achtsamkeit

Der Weg aus diesen negativen Emotionen heraus geht im ersten Schritt über Achtsamkeit und Akzeptanz. Du musst lernen, den aktuellen Moment wirklich wahrzunehmen und so zu akzeptieren, wie er ist.

Stell dir einmal vor, du fährst mit deinem Auto durch die Berge auf einer schmalen Straße. Als du um eine Kurve fährst, siehst du, dass es einen Erdrutsch gegeben hat. Die Straße ist versperrt, ein zwanzig Tonnen schwerer Felsblock blockiert alles. Was tust du? Du drehst natürlich um, denn du kannst an dieser Situation nichts ändern. Die meisten Menschen steigen aber, bevor sie umdrehen, noch aus dem Wagen aus, schlagen mit ihren Fäusten wütend auf den Felsblock ein und schreien herum, weil sie nicht akzeptieren können, was im Hier und Jetzt nun mal Sache ist. Das kostet sehr viel Energie – und sie wird komplett verschwendet, denn die Situation ist, wie sie ist.

Akzeptanz des Hier und Jetzt bedeutet, dass du siehst, was ist, und es annimmst. Annehmen heißt dabei nicht, dass du zwangsläufig alles toll und positiv finden musst. Es bedeutet, neutral zu sehen, was ist, ohne lästiges Vergrößern, Aufblähen, Negieren oder Bewerten der Situation.

Der zweite Schritt ist, eine wohlwollende Güte zu generieren. Wenn du lernst, wie du anderen Menschen ihre Erfolge oder Dinge ehrlich gönnen kannst, ohne deine eigenen Minderwertigkeitsgefühle auf sie zu projizieren, wirst du innerlich frei und hast einen großen Schritt weg von den ganzen Anhaftungen im Außen gemacht.

Während wir diesen Abschnitt schreiben, sitzen wir auf einer Terrasse in Österreich in der Sonne. Es ist wunderschön. Ich (Dirk) bin auch hier, um Gleitschirm zu fliegen, gestern bin ich schon ein wenig geflogen. Meine Gruppe fliegt heute den ganzen Tag. Und ich sitze hier und bin etwas neidisch, weil ich nicht dabei bin.

Um das Gefühl des leisen Neids wieder loszuwerden, akzeptiere ich ganz bewusst den Moment und vergegenwärtige mir die tolle Situation, in der ich bin: Ich sitze mit meiner Frau hier in der Sonne. Dass wir bis zu einem bestimmten Termin ein Buchmanuskript abgeben müssen, hat nichts damit zu tun, dass meine Kameraden fliegen sind. Wir würden ja nicht schneller fertig, wenn sie jetzt aufhören würden oder kein Flugwetter hätten. Also freue ich mich ehrlich für sie und auch für mich. Ich lenke meinen Fokus auf die vielen positiven Dinge in dieser Situation. Ich habe mit Andrea endlich die Zeit, unser Buch voranzubringen.

Es ist fast nie die äußere Situation problematisch, sondern immer unsere innere Einstellung dazu. Darauf haben wir Einfluss, und wir verändern sie durch Wohlwollen den anderen gegenüber.

Für deine persönliche Entwicklung ist das Beherrschen dieser Technik der wohlwollenden Achtsamkeit ein großer Schritt. Du gewinnst sehr viel Zeit und Energie dadurch, die du vorher in der Welt der Dinge und im Mangel zugebracht hast. Diese Ressourcen kannst du jetzt auf das fokussieren, was dich wirklich antreibt. Es geht einfach nicht um den Sportwagen oder das Kleid. Es geht um das Gefühl, das damit verbunden ist.

Diese Technik, die Aufmerksamkeit in den aktuellen Moment zu lenken und ihn zu transformieren, ist sehr mächtig und holt dich auch aus dem andauernden Projizieren auf die anderen heraus. Es ist allzu leicht, sich über das Wetter, die Politiker und den Chef zu beschweren oder über die Umstände zu jammern. Aber die wirkliche Verantwortung für dein Leben und deinen Blick auf die Welt hast nur du, niemand anderes. Deswegen nimm diese Verantwortung an und transformiere deine negativen Gedanken und Gefühle. Mit etwas Übung wird dir das gelingen.

Dankbarkeit und Güte sind in jedem Fall die bessere Option, und sie sind in uns selbst vorhanden. Es ist nichts, was wir uns von außen erst holen oder uns erarbeiten müssten. Dass wir sie nicht immer spüren, liegt daran, dass sie einfach nur etwas in uns »versteckt« sind. Frustration und andere Gefühle überlagern sie oft. Um diese Gefühle anderen entgegenbringen zu können, musst du sie zuerst bei dir selbst etablieren lernen.

Deine Meditation: Dankbarkeit und Güte kultivieren

Stell deinen Timer auf fünf bis zehn Minuten. Setz dich aufrecht hin und schließ deine Augen. Lenk deine Aufmerksamkeit auf deine körperlichen Wahrnehmungen. Nimm dir einen Moment Zeit, in deiner Meditation anzukommen. Scanne kurz deinen Körper vom Scheitel bis hinunter zu den Zehen. Fühle eventuelle Spannungen und löse sie sanft auf.

Mach dir jetzt bewusst, wofür du in deinem Leben dankbar sein kannst. Beginne mit den Personen in deinem Umfeld. Mit Familie, Freunden, Bekannten, Arbeitskollegen, vielleicht Menschen aus der Geschichte, auch wenn sie nicht mehr am Leben sind.

Wenn du damit fertig bist, wende dich allem anderen zu, wofür du dankbar sein kannst. Situationen, scheinbare Zufälle, Begebenheiten. Lass nichts aus.

Falls du dabei etwas wehmütig und emotional wirst, ist das kein Problem. Lass alle Emotionen strömen. Unterdrücke nichts, verstecke nichts. Spüre sie, und spüre deine Dankbarkeit und die Güte, die du all den vorgestellten Menschen und Dingen entgegenbringst.

Vom Denken zum Handeln

Wir alle wollen unsere Träume verwirklichen und meinen, dazu erst bestimmte selbst entworfene Rahmenbedingungen erfüllt haben zu müssen. Diese äußeren Bedingungen sind aber häufig nicht gegeben, und statt dann entsprechend zu handeln, verfallen wir in Untätigkeit. So werden bestimmte Projekte in unserem Leben niemals Wirklichkeit. Es besteht gar kein Grund dafür, wir verschieben sie bloß immer wieder und manifestieren nicht, was wir uns wünschen. Deswegen stagnieren wir in verschiedenen Bereichen und bewundern (oder beneiden) andere, die es scheinbar verstanden haben, ihre Grenzen immer wieder neu zu überwinden: Unternehmer, Künstler, Musiker, Spitzensportler.

Perfektion = Stagnation.

Wie veränderst du tatsächlich etwas?

Es gibt zwei Wege, eine dauerhafte Veränderung im Leben zu erreichen. Der erste ist, ganz wie ein Kind unter sechs Jahren, den Thetawellen-Modus im Gehirn abzupassen und dann einen direkten Zugriff auf das Unterbewusstsein zu nehmen und es umzuprogrammieren. In zwei Zeitfenstern jeden Tag sind wir dafür bereit. Morgens kurz nach dem Aufwachen gehen wir vom Schlafzustand aus durch ein Fenster, in dem in unserem Gehirn die Thetawellen dominieren. Wir sind auf dem Weg zum Alphazustand des entspannten Bewusstseins, aber noch nicht ganz dort angekommen. Unsere Träume mixen sich noch ein wenig mit der Realität. Wir können uns noch gut und inhaltsreich an die Träume erinnern. Später am Tag gelingt das nicht mehr so leicht. In dieser Phase nach dem Aufwachen ist das Gehirn besonders gut beeinflussbar, es ist im »Download-Modus«. Eine Meditation mit positiven Affirmationen und eine Selbstprogrammierung auf bestimmte Ziele oder Verhaltensweisen ist zu diesem Zeitpunkt besonders sinnvoll. Wir beschreiben damit sozusagen direkt eine CD mit günstigen Inhalten, die später im Player – dem Unterbewusstsein – einfach abgespielt werden kann.

Zum Tag hin gehen wir immer weiter in den Betazustand, in dem wir bei vollem Bewusstsein und aktiv sind. Das ist auch der Grund, warum wir den Tag nicht mit Social Media, Nachrichten-Apps oder einer Zeitung beginnen sollten. Damit erzeugen wir sofort einen Fokus nach draußen und auch in die Vergangenheit. Der Tag, der vor uns liegt, wird dann energetisch betrachtet mit großer Wahrscheinlichkeit eine Kopie der Vergangenheit. Willst du das?

Zum Abend hin geht unser Gehirn denselben Weg wieder zurück, wir bewegen uns kurz vor dem Einschlafen wieder durch ein Fenster, in dem die Thetawellen dominieren. Und auch dabei sind wir empfänglich für selbst gewählte Zielsetzungen und ihre Verankerung tief in unserem Unterbewusstsein.

Den zweiten Weg für eine wirkliche Veränderung kennst du sicherlich. Dabei geht es darum, dem bewussten Verstand Informationen zu geben, indem du beispielsweise ein Buch liest, einen Podcast hörst oder ein Seminar besuchst. Dein rationaler Verstand versteht die Dinge dann auf eine neue Weise, erwirbt sich Wissen und neue Methoden. Du siehst Zusammenhänge in einem neuen Licht. Das ist dann aber noch keine Angewohnheit. Auch eine Notiz am Kühlschrank ist keine Angewohnheit.

Eine Angewohnheit ist es erst dann, wenn es sich komisch anfühlt, es plötzlich nicht zu tun.

Du musst das, was du an Wissen neu erworben hast, nun auch in deinem Leben umsetzen – und das wieder und wieder. Die Wiederholung ist der Schlüssel, nicht so sehr die Erkenntnis, die steht nur am Anfang. Denk immer daran, das Unterbewusstsein ist mehr wie eine Maschine. Wenn du versuchst, ihm etwas zu erklären, wird es trotzdem weiter die alte Programmierung ausführen. Erst wenn du die veränderst, wird sich dein Verhalten auch nachhaltig wandeln.

Wo beginnen?

Falls du nicht weißt, wo du anfangen sollst, such dir die Bereiche in deinem Leben, in denen es nur mit Schwierigkeiten vorangeht. Du brauchst nicht zu versuchen, dich zu erinnern, wo du eventuell »ungünstige« Programme mitbekommen hast. Das zählt jetzt nicht mehr. Dort, wo gefühlt Stillstand herrscht und du deswegen wahrscheinlich Widerstände empfindest, ist der Startpunkt deiner Reise. Es ist egal, wo das herkommt. Wenn du das erfahren möchtest, geh am besten zu einem Therapeuten, die sind darauf spezialisiert, zurückzugehen und alles von dort aus aufzuarbeiten und zu erklären. Wir aber sind Coaches, wir wollen von hier aus in die Zukunft und dort Verbesserungen herbeiführen.

Überall, wo es im Leben gut und mühelos läuft, sind unsere unterbewussten Programme im Einklang mit unserem Wollen und Handeln. Dort, wo du immer wieder Schwierigkeiten hast, vielleicht bei Beziehungsthemen, Erziehung oder Geld, steht dir dein Unterbewusstsein im Weg. Es ist nicht so programmiert, dass es dich unterstützt. Das ist ungefähr so, als würde dein Betriebssystem nicht mehr für die Software funktionieren, die du draufspielen möchtest. Es gibt immer wieder Kompatibilitätsprobleme.

Willenskraft trainieren

Um neue Gewohnheiten mit viel Wiederholung wirklich zu etablieren, braucht es Willenskraft. Die ist trainierbar und vor allem veränderbar, hin zum Positiven. Man kann sie entwickeln, genauso wie man Muskeln trainiert oder die Fähigkeit, Klavier zu spielen oder eine andere Sprache zu sprechen. Dein Weg dahin ist folgender, du kannst ihn in drei unterschiedlichen Intensitäten gehen.

1. Beende, was du begonnen hast

Egal, was du angefangen hast, es wird auch zu Ende gemacht. Es gibt sonst sehr viele »offene Enden« in deinem Kopf, nicht geschlossene Kreise. Das bindet Kapazitäten, die für andere Dinge nicht zur Verfügung stehen. Wenn das über Jahre geht, hast du wahrscheinlich ein gefühltes Chaos im Denken. Deine Ideen können nämlich gut sein, dabei aber nutzlos, weil bei der Umsetzung das letzte Ende immer noch fehlt. Irgendwann siehst du den einzelnen Baum vor lauter Wald nicht mehr.

Verschwende auch hierbei nicht viel Zeit damit, herauszufinden, woher das kommt. Die Gründe können vielfältig sein, Angst vor Sichtbarkeit, Zweifel an der eigenen Idee oder daran, was die Leute denken könnten, wenn du sie tatsächlich umsetzt, mögen die dich dann noch ...? Und so weiter. Meistens ist es irgendeine diffuse Angst, nach dem »Wenn ... dann ...«-Muster. Du brauchst dich darum nicht zu kümmern, setze einfach dein Vorhaben um, ohne weiteres Nachdenken und bis zum Ende. Oder gib es bewusst ganz auf.

Das solltest du mit großen Dinge tun, kannst es aber auch mit kleinen Dingen üben. Die sind dafür genauso wichtig. Du kannst beispielsweise jeden Tag, wenn du deine Arbeit beendest, den Arbeitsplatz aufräumen. Der Prozess des Arbeitens wird auf diese Weise bewusst beendet und du fängst etwas Neues an: deine Freizeit.

2. Mach etwas mehr, als von dir erwartet wird

Auch damit trainierst du deine Willenskraft. Dein Ergebnis wird dadurch in jedem Fall hochwertiger, und du erziehst dich selbst dazu, nicht nur ein vorgegebenes Ziel mit geringstmöglichem Aufwand zu erreichen – wir sprechen hier von der Schulnoten-Mentalität –, sondern weiterzudenken und die Aufgabe »überzuerfüllen«. Mach mehr, als dir die äußere Welt zutraut.

Um bei unserem Beispiel zu bleiben: Räum nicht einfach nur deinen Arbeitsplatz auf, sondern bereit dir schon einmal alles vor, um bei der nächsten Arbeitseinheit direkt loslegen zu können. Leg alle Dinge bereit, und gib dir damit auch das Gefühl, dass du dich aufs Weiterarbeiten freuen kannst.

3. Mach mehr, als du selbst von dir erwartest

Am Anfang einer Aufgabe haben wir meist eine vage Vorstellung davon, was wir zu leisten imstande sind. Versuche nicht anzuhalten, wenn du an diesem Punkt angelangt bist. Brems dich nicht selbst. Geh weiter in Sphären hinein, die du selbst nicht für möglich gehalten hast. Überrasche dich selbst.

In unserem Beispiel könntest du deinen Arbeitsplatz aufräumen und alles bereitlegen für einen einfachen und verzögerungsfreien Start in den nächsten Arbeitstag. Und: Bestell dir für den nächsten Tag ein Frühstück, das dir eine Stunde nach Arbeitsbeginn geliefert wird. Spar die Zeit dafür am Morgen zu Hause und bau stattdessen eine Meditation in deinen Tagesstart ein.

Mit solchen Techniken kannst du deine Willenskraft trainieren und verstärken. Brauchen und nutzen kannst du sie dann in allen Lebensbereichen und auch dann, wenn du mal an einem Morgen keine Lust auf deine Meditationspraxis hast.

Den Alltag benutzen

Die meisten von uns möchten sich gern gut konzentrieren können. Eltern sagen ja auch wiederholt zu ihren Kindern, dass sie sich konzentrieren sollen. Wie das geht, haben die Eltern aber selbst meist auch nicht erklärt bekommen. Deshalb können sie es ihren Kindern auch nicht sagen, und in der Schule lernt man es in der Regel auch nicht. Wo man es lernt, das ist tatsächlich die Meditation. Und dafür hast du hier in diesem Buch viele Angebote bekommen.

Außerdem ist es ein einfacher Weg, in die Konzentration zu kommen, bereits etablierte Abläufe in deinem Leben dafür zu nutzen, indem du dort maximale Aufmerksamkeit und Fokus hineinbringst. In unserem persönlichen Alltag ist es wichtig, mit Menschen zu kommunizieren. Wir unterrichten unsere Schüler, wir reden mit

Geschäftspartnern, unseren Lehrern, unseren Kindern, unseren Nachbarn. All denen versuchen wir jeweils unsere ungeteilte Aufmerksamkeit zu geben, wenn wir mit ihnen kommunizieren. Am Ende des Tages kann es dann gut sein, dass wir fünf bis sieben Stunden ungeteilte und fokussierte Aufmerksamkeit praktiziert haben. So wird der Alltag zur Praxis.

Wenn wir uns ablenken lassen, etwa von eingehenden E-Mails, Nachrichten und dem Telefon, praktizieren wir Ablenkung. Und auch das fünf bis sieben Stunden am Tag. Auch darin werden wir dann mit der Zeit besser. Unserer Konzentrationsfähigkeit hilft das allerdings nicht. Es zerstreut uns, gibt uns das Gefühl von Stress und laugt uns aus. Wir glauben, wir würden »multitasken«, dabei weiß die Hirnforschung längst, dass das gar nicht möglich ist. Wir können immer nur eine Sache auf einmal machen und springen beim sogenannten Multitasking ganz schnell zwischen mehreren Dingen hin und her. Das aber kostet vollkommen unnütz viel Energie.

Um wirklichen Erfolg in dein Leben zu bringen, muss deine innere Struktur stimmen. Es muss eine Übereinstimmung zwischen deinen Gedanken, Worten und Taten geben. Solange du bestimmte Dinge postulierst, aber deine Taten in eine andere Richtung gehen, wird nichts passieren. Auch du kennst bestimmt solche Menschen, die in dieser Hinsicht nicht glaubwürdig sind. In Hamburg nennen wir sie »Schnacker«. Viele Worte und nichts dahinter. Willst du so sein?

Deine Meditation:
Gefühle wieder gehen lassen

Häufig ist uns nicht unser bewusster Geist im Weg, wenn wir etwas in Bewegung bringen wollen, vor allem unsere Gefühle spielen eine Rolle dabei. Um sie zu transformieren, ist es nötig, ihnen den Raum zu geben, sich zu entfalten und dann auf ganz natürliche Weise wieder zu gehen.

Um das zu üben, stell deinen Timer auf fünf bis fünfzehn Minuten. Setz dich auf deinen Meditationsplatz und schließ die Augen.

Denk an etwas, das du umsetzen willst. Egal, ob es etwas Großes oder Alltägliches ist. Nimm die Gefühle wahr, die dazu in dir auftauchen, um dich in deinem Handeln zu bremsen. Nimm sie einfach wahr und lass sie dann ganz bewusst aus deinem System herausströmen. Stell dir vor, wie die dazugehörige Schwingung dein System verlässt. Beobachte, wie sich dein Empfinden verändert.

Kinder sind die besten Meditierer

Hast du schon mal Kinder beim Spielen beobachtet? Sie haben noch die Fähigkeit, sich ganz im aktuellen Moment zu versenken und vollkommen darin aufzugehen. Ihre Gehirne sind während der ersten sechs Lebensjahre in einer Art Download-Modus, sie nehmen die Regeln der Welt in sich auf und machen das nach, was ihnen vorgelebt wird. Das ist nicht zwangsläufig das, was man ihnen sagt, wie alle Eltern wissen.

In den ersten Jahren werden Muster ins Unterbewusstsein eingebaut, die Kinder lernen soziale Regeln, werden geprägt und konditioniert. Auch dir ist das passiert, deine Eltern und die vielen anderen »Lehrer« in deinem Leben haben einen Abdruck in dir hinterlassen. Wahrscheinlich bist du dir dessen gar nicht bewusst, du nimmst es eher als deine ureigenen Charaktereigenschaften wahr. Aber tatsächlich stammt ein großer Teil deiner Vorlieben, Verhaltensweisen und Glaubenssätze von anderen Menschen. Das kann eine erschreckende Erkenntnis sein. Wenn man irgendwann in seinem Leben bemerkt, dass man gar nicht auf derselben Frequenz mit seinem wahren Innenleben ist, und das schon seit Jahren oder Jahrzehnten.

Bei Kindern bis sechs Jahren ist die vorherrschende Gehirnfrequenz Theta, und die sorgt für viel Fantasie. Kinder können regelrecht in Fantasiewelten leben und mit ein paar Spielzeugen ganze Universen simulieren. Für sie ist ein Besen ein Flugzeug, mit dem sie um die ganze Welt fliegen. Und sie erleben es als höchst real.

Wenn Kinder in diesem Alter etwas interessiert, haben sie einen sehr stabilen Fokus. Sie können sich sehr lange ein Blatt am Boden, den Wasserstrudel in der Badewanne oder den Staubsauger ansehen und studieren. Wenn sie den Fokus verlieren, interessieren sie sich in der Regel auch nicht mehr für diese Sache, und der nächste Punkt steht auf dem Programm. Als Erwachsene müssen wir eine solche Aufmerksamkeitsspanne meistens erst wieder entwickeln, weil wir uns an so viele Ablenkungen gewöhnt haben und uns davon treiben lassen, anstatt die Steuerung zu behalten. So gesehen haben Kinder viel von dem in sich, das wir uns in der Meditation wieder »rückwirkend« erarbeiten.

Die vielen falschen Identitäten, die wir uns im Laufe des Lebens zulegen und die unser »kleines Selbst« bilden, sind bei Kindern ebenfalls noch nicht entwickelt. Kinder benötigen keinen ausgefeilten Musikgeschmack oder so etwas, um andere zu beeindrucken. Sie sind anfangs noch unbeeinflusst, unverdorben und unverändert. Genau deshalb faszinieren sie uns so sehr.

Im Laufe der Jahre setzt dann die sogenannte Erziehung ein. Im Wesentlichen fußt diese Idee darauf, die Kinder zu verlässlichen Mitgliedern unserer Gesellschaft zu machen, und setzt nicht zwangsläufig ihre Individualität in den Vordergrund. Sondern eher Konformität.

Wer muss sich hier entwickeln?

Damit erreicht wird, dass alle in der Reihe tanzen, werden verschiedene Mittel angewandt. Sie dienen dazu, unliebsames und unerwünschtes Verhalten abzustellen. Das Werkzeuge dafür sind vor allem Sanktionierung und Beschämung. Beim Sanktionieren wird dem Kind etwas weggenommen, es wird das, was Spaß bringt, verboten, es gibt Stubenarrest, Taschengeldentzug oder lautes Geschrei und Beschimpfungen. Damit wird das Kind gezwungen, ein bestimmtes Verhalten nicht mehr zu zeigen. Oder das Kind wird der Lächerlichkeit preisgegeben und beschämt. »Schau dir den mal an, auf so eine Idee kann auch nur der kommen.« Und alle amüsieren sich darüber. Das Kind wird auch auf diese Weise gezwungen, sein Verhalten der Masse anzupassen, um sich dem schmerzhaften sozialen Druck zu entziehen.

All dies sind Bestrafungen, die dem Kind zeigen sollen, wie es im Leben zu laufen hat. Dazu kommt der ganze Förderwahnsinn, in dem die Kinder möglichst früh möglichst vielen Reizen ausgesetzt werden, damit man herausfinden kann, worin sie talentiert sind. Dann sollen sie natürlich möglichst früh darin besser werden, um später viel Leistung zu zeigen.

Das alles soll dafür sorgen, dass die Kinder in unserer Gesellschaft einen »erfolgreichen« Lebens- und Karriereweg gehen. Die Absichten der Eltern sind nur die besten. Die Kinder sollen Anwälte und Ärztinnen werden, zu funktionierenden und vorzeigbaren Mitgliedern der Gesellschaft werden – und wer hat's zu verantworten? Die tollen Eltern, genau. So ähnlich stellen sich das viele insgeheim vor.

Allen diese Punkten ist eines gemeinsam: Diejenigen, die ihre Kinder so erziehen, handeln aus einem Motiv der Angst heraus. Sie sind getrieben von der Vorstellung, dass ihr Nachwuchs womöglich zurückbleiben könnte, später nicht genug Geld verdient und ein unglückliches Leben führt oder keinen sozialen Status erlangt, und das alles nur, weil sie nicht genug mit ihm getan haben. Deswegen wird ausufernd an den Kindern herumgeschraubt, es wird Verhalten erzwungen und die natürliche Entwicklung behindert.

Mit dem Zunehmen dieser Tendenzen wurden auch zunehmend Kinder mit Krankheiten und Symptomen wie ADHS diagnostiziert, die wiederum medizinisch behandelt werden müssen. Die Eltern haben dadurch noch mehr Grund anzunehmen, dass mit ihrem Nachwuchs etwas nicht in Ordnung ist, weil er nicht wie gewünscht funktioniert. So verstärkt sich die Auffassung, dass das Kind verändert, repariert, gefördert und mit Medikamenten versorgt werden muss. Es wird alles versucht, um es ins Korsett der eigenen Vorstellungen zu pressen.

Kinder sind aber Anarchie, wer schon mal zwei Dreijährige für eine Stunde allein im Spielzimmer gelassen hat, weiß, wie das danach aussieht.

Unser – und zum Glück nicht nur unser – Ansatz ist so radikal wie einfach: Die Kinder müssen sich nicht verändern. Sie sind auch nicht reparaturbedürftig oder kaputt,

an ihnen ist nichts falsch. Sie verhalten sich nach den Vor-
bildern, die sie sehen. Nach ihren Bezugspersonen. Von
dort kommen, vor allen Dingen in den ersten sechs Jahren,
die späteren Muster. Wenn wir also positives Verhalten
in unseren Kindern fördern wollen, müssen wir es ihnen
vorleben, und sie werden es übernehmen. Und wer muss
dafür an sich arbeiten, die Konflikte lösen und die inneren
Themen aufrollen? Die Eltern!

Bestrafung ist kontraproduktiv

Es geht uns nicht darum, keine Grenzen zu ziehen
oder antiautoritär zu sein. Wir wollen uns auch
nicht mit den Kindern befreunden, denn wir sind
nicht ihre Freunde, wir bleiben die Eltern. Das ist
eine ganz eigene Verbindung. Worum es uns aber
geht, ist, etwas klarzumachen: Es bringt überhaupt
nichts, wenn wir ein Kind einfach nur bestrafen
und damit unsere Meinung und unseren Willen
bei ihm durchsetzen. Das Kind wird sich dann zurückziehen und dem Verbot (zumindest erst mal)
gehorchen. Aber nicht, weil es von der Sache über-
zeugt ist, sondern weil es sich vor weiterer Strafe
oder Bloßstellung schützen will. Dass es jetzt unsere
Regeln befolgt, ist also keine tiefe Einsicht, sondern
eine zweckorientierte Lösung. Mit Respekt hat das
auch nichts zu tun. Was aber passiert, ist, dass wir
den liebevollen Kontakt zu unserem Kind verlieren.

Dazu kommt noch, dass man Bestrafungen immer weiter steigern muss, damit sie auch weiterhin beachtet werden. Die »Angst vor Bestrafung«-Hürde muss immer höher angelegt werden. Das kann ein prekärer Zyklus sein, in dem sich keiner mehr wohlfühlt und das Familienleben zu einer einzigen Hölle wird.

Der Schlüssel zur Veränderung der Sitten im Haus, zu Respekt und Freude, liegt im Verhalten der Erwachsenen. Die Kinder werden folgen.

Was bringen Warnungen und Ermahnungen?

Warnungen und Ermahnungen sind in ihrer Wirksamkeit psychologisch recht gut untersucht. Wenn du einen deiner Freunde davon abhalten willst, gesundheitsschädliche oder gefährliche Dinge zu tun, wirst du ihn warnen und mit den negativen Konsequenzen in der Zukunft konfrontieren. Das heißt, du wirst ihm wahrscheinlich Angst einjagen. Die Bilder von Kranken und Amputierten auf den Zigarettenschachteln funktionieren nach diesem Prinzip: Hier siehst du, was dir in der Zukunft blühen kann, wenn du nicht damit aufhörst. Untersuchungen dieser Methode haben allerdings ihre sehr geringe Wirksamkeit herausgefunden. Es führt bei Rauchern teilweise sogar dazu, dass das Vorhaben, mit dem Rauchen aufzuhören, in seiner Priorität sinkt.

Wie kommt das? Um sich mit dem möglichen künftigen Leid nicht befassen zu müssen, wird die Behauptung, dass es kommen wird, entkräftet. Dann heißt es: »Mein Opa hat auch dreißig Zigaretten am Tag geraucht und ist fünfundneunzig geworden.« Und wenn gerade kein geeigneter Verwandter zur Verfügung steht, dann beruft man sich auf Helmut Schmidt. Nach dem ähnlichen Prinzip heißt es: »Ich brauch mich im Auto nicht anzuschnallen, ich bin ein guter Fahrer, mir ist noch nie was passiert.« Unser Geist reagiert nicht besonders gut auf Negativität, das ist erwiesen.

Die Frage ist also, was funktioniert. Was motiviert Menschen, ihr Verhalten zu verändern? Es ist nicht die Androhung von Konsequenzen in ferner Zukunft, sondern die positive Verstärkung im aktuellen Augenblick. Stell dir zum Beispiel vor, du möchtest aufhören, Süßigkeiten zu essen. Du schaffst es drei Wochen lang, dann vertilgst du eine Schachtel Pralinen. Es geht jetzt darum, diese Situation als Erfolg zu sehen: Du hast drei Wochen keine Süßigkeiten gegessen. Und ab jetzt hörst du wieder damit auf. Bei diesem nächsten Durchgang schaffst du vielleicht schon zehn Wochen, bevor du noch mal schwach wirst. Es geht darum, die kleinen Erfolge auch als solche wahrzunehmen. Und nicht als Fehlversuch oder Scheitern. Das ist erfolgversprechender als Negativität nach dem Motto: Du wirst immer fetter, jetzt streng dich mal an!

Meditation und Emotionsregulation

Den meisten von uns ist wie gesagt als Kind nie beigebracht worden, wie wir am besten mit Emotionen umgehen können. Die Mainstream-Erziehung hat dafür ihre Rezepte: Jungs dürfen nicht weinen (»Ein Indianer kennt keinen Schmerz«), und Mädchen werden belohnt, wenn sie artig und hübsch sind und den Mund halten. Dann werden Süßigkeiten verabreicht und alles sieht nach außen hin wieder gut aus. Die Folge aber ist, dass die Kinder ihrer eigenen Wahrnehmung nicht vertrauen lernen und später auch als Erwachsene nicht ertragen können, wenn starke Gefühle ins Spiel kommen.

Wir beobachten das sehr häufig in unseren Ausbildungen: Wenn eine Teilnehmerin zu weinen anfängt, weil sich irgendein Thema zeigt, rennen immer alle gleich hin und wollen sie streicheln, trösten und in den Arm nehmen. Das mag ja nett gemeint sein, hilft der Person aber meistens nicht besonders und beruhigt vor allem die Helfenden, weil sie die Emotionen der anderen dann nicht aushalten müssen. Im Alltag hat jeder von uns seine Strategien, stärkeren Gefühlen aus dem Weg zu gehen. Das engt uns unglaublich ein!

Meditation hilft uns als Erwachsenen, wieder in Kontakt mit unseren Gefühlen zu kommen. Und wenn wir selbst Kinder haben, sollten wir sie so früh wie möglich ebenfalls mit Achtsamkeit und Meditation in Kontakt bringen. Es gibt spezielle Kurse dafür. Lass sie außerdem ihre Emotionen ausleben, und gib ihnen die Chance, sich selbst wieder in einen ausbalancierten Zustand zurückzubringen. Wir Menschen sind in der Lage, uns selbst zu regulieren, sobald wir über die ersten Lebensmonate hinaus sind. Wenn Kinder dabei unterstützt werden, gewinnen sie eine sehr wertvolle Fähigkeit – auch für später, wenn in der Pubertät alles durcheinandergerät und sie sich als Jugendliche mit ihren Gefühlen auseinandersetzen müssen.

Meditation für Eltern

Stell deinen Timer auf fünf bis fünfzehn Minuten. Setz dich in einen aufrechten Sitz und schließ deine Augen.

Bring dir nun das Bild deines Kindes oder deiner Kinder vor dein inneres Auge. Was siehst du vor dir? Siehst du sie und fühlst dabei bestimmte Emotionen? Siehst du diese Emotionen in ihnen und erkennst sie auch in dir selbst wieder? Angst oder Anspannung, Traurigkeit oder Wut? Wenn du solche Emotionen wahrnimmst, lass sie hochkommen, und erlaube dir, dich selbst damit zu beobachten. Freunde dich mit ihnen an. Spüre sie einfach, mehr ist nicht zu tun.

Wenn sie nach einer Zeit nicht von selbst verschwunden sind, vertiefe deinen Atem, und lass die Ängste oder anderen Emotionen mit der nächsten Ausatmung los. Bewege dich von der Frequenz von Angst oder Wut hin zu Neugier, Dankbarkeit und Freude über deine Kinder. Atme und erinnere dich an dein Gefühl, wie sehr du deine Kinder liebst. Egal, was kommt, es ist ihr Schicksal. Egal, was aus ihnen wird, sie sind wertvoll. Mit jeder Einatmung fühle diese Fülle. Fühle sie in deinem ganzen Wesen.

Die Kraft des Energetischen

Alle Menschen auf diesem Planeten leben in einer Welt der Form und des Stofflichen. Unser Körper ist das beste Beispiel dafür, er ist für jeden sichtbar, und wir haben täglich mit ihm zu tun. Er ist das Vehikel, das uns durch unser Leben trägt. Er besitzt eine biologische Form, mit ihm sind wir im Rest der Welt unterwegs. Wir leben in Häusern, in einer Stadt, einem Land, auf einem Planeten. Wir besitzen Werkzeug, Kleidung, Geschirr, Spielzeug, Fahrräder, Autos und Millionen andere Dinge. Ein durchschnittlicher Haushalt hat heutzutage ungefähr 10 000 einzelne Artikel. All das ist physische Form.

Es gibt aber auch eine Welt der Form, die gar nicht physisch ist. Dazu gehören festgelegte Normen, Verhaltensweisen und Ver- sowie Gebote. Auch damit haben wir täglich zu tun. Eine nicht physische Form ist die Ehe, unsere Idee davon, wie Frauen auszusehen haben, wie Männer auszusehen haben, was sich gehört, was als schön angesehen wird, und unendlich vieles mehr. Wir definieren uns über unseren Beruf (»Ich bin Arzt«), über unsere Adresse (»Ich wohne in …«), über unser Auto (»Ich fahre einen …«), über unsere Ansichten (»Ich bin Veganer …«), unseren Glauben (»Ich bin Christ …«), über unsere Kinder

(»Meine Kinder gehen auf die Waldorfschule ...«), über unsere Familie (»Meine Vorfahren sind adelig ...«), und die Liste geht immer weiter.

Wenn wir uns mit anderen Menschen verbinden, geht das auch über diese Dimension: Was für ein Auto hat der, wie viel Paar Schuhe hat die, wie viele Kinder haben die, sind sie schlank, welche Qualifikation hat der ...? Unsere Linse ist getrübt durch unzählige solcher Filter.

Auch uns selbst sehen wir durch Filter. Wenn wir zunehmen, finden wir uns plötzlich nicht mehr schön, wenn wir unseren Job verlieren, ist unser Selbstbewusstsein angeknackst. Wenn unsere Kinder keinen Erfolg im Beruf haben, sind wir nicht zufrieden.

Das Ganze beginnt bei der Geburt. Geschlecht, Religion, Bildung, Geschwister, Schule, Universität, Beruf, Ehe, Wohlstand, Status, soziale Gruppe, Elternschaft ... Danach richten wir unser Leben aus. Und es gibt so viel zu tun auf dieser Ebene, dass wir die ganze Zeit damit beschäftigt sind.

Uns wird in unserer materialistischen Weltsicht erklärt, dass dies die einzige Existenzebene ist, die es gibt. Das Universum gilt als das Ergebnis von unvorhersehbaren Zufällen. Evolution geschieht durch Mutationen und das »Überleben des Stärkeren«. Was wir nicht sehen, erfassen, messen oder anfassen können, gibt es nicht. So arbeitet noch immer ein großer Teil der Wissenschaft. Das stimmt aber nicht im Geringsten. Es gibt noch mehr Ebenen, und du kennst sie auch.

Nicht sichtbar –
und doch sehr wirksam

Neben dem, was wir als normale Welt betrachten, gibt es etwas Energetisches. Es zeigt sich nicht in Dingen, aber es existiert. Wir alle kennen es und können es auch wahrnehmen. Es ist kein esoterisches Bimmelbammel, sondern eine höchst einflussreiche Energie in ihren unterschiedlichen Ausprägungen. Die Praktiken des Yoga, des Qigong oder der Kampfkünste machen sich diese vitale Energie schon seit Jahrhunderten zunutze. Wir verstehen noch nicht besonders gut, wie sie funktioniert, aber die Auswirkungen sehen und spüren wir nur allzu deutlich.

Stell dir vor, du gehst auf eine Party und bist aber müde und nicht so richtig in der Laune dafür. Wenn dort dann gute Stimmung herrscht, du interessante Gespräche führst und vielleicht auch ein bisschen über die Stränge schlägst, ist dein Energielevel bald deutlich angehoben. Die Energie der Party ist auf dich übergeschwappt.

Mein (Dirk) Vater, ein hochrangiger Aikido-Meister, hat anderen das Wirken von Energie schon vor vielen Jahrzehnten gezeigt. In den Siebzigerjahren hatte der Fitnessboom noch nicht richtig Fahrt aufgenommen. Sportliche Aktivitäten fanden in Vereinen statt. Unser Lübecker Kampfsportverein hatte damals mehrere Tausend Mitglieder, und zweimal im Jahr gab es einen Tag der offenen Tür, mit Vorführungen der einzelnen Disziplinen. Da kamen Hunderte von Leuten. Danach mussten sich die Zuschauer um die Aufnahme in den Verein »bewerben«.

Bei den Aikido-Vorführungen wurden die Zuschauer oft etwas skeptisch. Ohne Fachkenntnis von außen betrachtet sieht Aikido eigentlich gar nicht aus wie ein klassischer Kampf. Es ist eine harmonische Angelegenheit. Und es wird Energie eingesetzt, im Japanischen heißt sie Ki. Damit wird der Gegner außer Gefecht gesetzt.

Mein Vater hat dann lautstarke Skeptiker auf die Matte eingeladen und darum gebeten, ihn anzugreifen. Als Beweis für die Tauglichkeit der Techniken zur Selbstverteidigung.

Das war immer ein besonderer Moment, die Halle mit mehreren Hundert Zuschauern wurde mucksmäuschenstill. Ich war zu dieser Zeit noch ein Kind, acht oder neun Jahre alt. Doch auch ich habe schon gespürt, dass jetzt etwas Energetisches passiert.

Der eingeladene Skeptiker, meistens waren es sportliche junge Männer, kam auf die Matte und begab sich in Kampfposition. Mein Vater stand die ganze Zeit unbewegt an seinem Platz in der Mitte der Matte. Gleichzeitig entspannt und vollständig alarmiert, es war, als hätte er alles Ki des Raumes in sich vereint. Immer noch war es still, und plötzlich kam der Angriff gegen meinen Vater. Der aber nutzte keine physische Technik, sondern stieß stattdessen einen markerschütternden Kampfschrei aus. Sehr laut und schrill. Einen sogenannten Ki-Ai. Der Angreifer und die ganze Halle erschraken dermaßen, wie in einem Kinofilm, in dem an der spannendsten Stelle plötzlich jemand ins Bild springt. Der Angreifer verlor für einen Sekundenbruchteil die Kontrolle über seinen Angriff – es ist ein körperlicher Reflex zusammenzuzucken, man kann nichts dagegen machen. In diesem Moment sprang mein

Vater zu ihm, nahm eine Hand in sein Gesicht und warf ihn zu Boden. Ohne ihn zu verletzen. Der junge Mann war zum zweiten Mal perplex. Mein Vater sagte Danke schön und verbeugte sich vor ihm. All das hat vom Angriff bis zum »Auf Wiedersehen« keine drei Sekunden gedauert. Die Halle erholte sich und die kurzzeitige Spannung entlud sich in Applaus. Nach dieser Vorführung wollten immer alle Aikido lernen und wissen, was es damit auf sich hat.

Diese Art von Energie ist mir auch später immer wieder begegnet. Sei es in Situationen des Personenschutzes, wo ich sie mir selbst zunutze machen konnte, oder bei Popstars auf der Bühne, die auf ihre Weise eine unfassbare Energie in den Raum bringen können.

Sprache und Energie

Die Tierwelt funktioniert weitgehend ohne eine Sprache mit Vokabeln und Sätzen. Tiere verwenden Lautkombinationen – und darüber hinaus ganz andere Arten von Kommunikation. Die energetische Komponente ist dabei immens wichtig. Die Gazelle fragt den Löwen nicht, ob sie Freunde werden. Sie weiß ganz genau, dass sie rennen muss, wenn er kommt. Sie folgt ihrem Instinkt. Zugleich scheinen Tiere auf verblüffende Weise energetische Feinheiten wahrnehmen und darauf reagieren zu können.

Wir Menschen haben solche Fähigkeiten ebenfalls. Sie werden aber durch unsere Fixierung auf die Sprache verwässert. Wir tendieren dazu, den Inhalt über alles andere zu stellen, und laufen deswegen oft in eine Falle. Wir handeln einfach nicht so, wie es gut für uns wäre. Unsere natürlichen Instinkte verkümmern. Mit Meditation schärfen wir die feineren Sinne wieder.

Immer kleiner, immer feiner

Es gibt eine universelle Energie, die sowohl in uns als auch um uns herum ist. Diese »Lebensenergie« nennen die Japaner Ki, die Chinesen Chi und die Yogis Prana. Eine solche Art von Energie ist zum jetzigen Zeitpunkt nicht messbar. Sie entzieht sich der wissenschaftlichen Untersuchung, weil sie nicht aus Materie besteht.

Seit dem Zeitalter Newtons untersuchen wir hauptsächlich die Welt der Materie. Es gibt festgelegte Abläufe – die Naturgesetze – und alles funktioniert nach diesen Mechanismen. Schon im 17. Jahrhundert hat Newton zum Beispiel die Gravitation erklärt und man konnte den Mondumlauf berechnen. Das Universum schien wie eine Art Maschine, deren Abläufe offensichtlich festgelegt sind. In dieser Zeit begann die Fixierung auf die Materie und ihre immer genauere Untersuchung. Um die Maschine Universum besser zu verstehen, begann der Reduktionismus, das heißt nichts weiter, als dass alle Materie in immer kleiner werdende Einheiten zerteilt wird. Im Moment sind wir bereits bei der subatomaren Ebene angekommen.

Dieses Prinzip hat übrigens auch die Schulmedizin übernommen, es geht in der Pharmakologie, in der Apparatemedizin und bei künstlichen Gelenken darum, die fehlerhaften Teile in der »Mensch-Maschine« auszutauschen und mit Medikamenten unerwünschte biochemische Prozesse zu korrigieren. Manchmal ist das wundervoll, wenn beispielsweise Unfallopfern in einem Krankenhaus geholfen wird. Ich (Dirk) hatte bei einer meiner Ausbildungen die Gelegenheit, bei der Operation einer jungen Frau dabei zu sein. Sie hatte einen schweren Motorradunfall und hat sich dabei den Schulterbereich sehr stark verletzt. Zusätzlich hatte sie nach der akuten Heilungsphase die Fähigkeit verloren, einen Arm zu bewegen. Das war keine schöne Aussicht für eine Mittzwanzigerin, die voll im Leben stand. Die Chirurgen haben festgestellt, dass der Nerv, der für die Steuerung des Armes verantwortlich war, beim Unfall zerstört wurde. Der neue Nerv, der während der Heilung dann wieder entstanden war, hatte sich beim Wachsen vertan und war von der Wirbelsäule nicht in den Arm gewachsen, sondern hatte sich im Oberkörper »verirrt«. Deswegen konnte der Arm nicht mehr angesteuert werden.

Die Operateure haben daraufhin Material eines sensorischen Nervs aus dem Unterschenkel der Frau genommen und in einige Teile geschnitten. Der verirrte Nerv wurde entnommen und in dessen gewünschte neue Wachstumsbahn wurden die Teile des sensorischen Nervs wie in eine Leitschiene eingebracht.

Ich habe nach der Operation gefragt, wie es denn jetzt weitergeht. »Ab jetzt haben wir etwa 180 Tage Zeit, ein Nerv wächst ein bis drei Millimeter an einem Tag, und wir haben eine Strecke von etwa sechzig Zentimetern bis in den Arm«, meinten die Chirurgen. »Wenn er angekommen ist, schicken wir dir eine Mail.« Sechs Monate später kam die Mail tatsächlich und verkündete, dass die OP bei der jungen Frau Erfolg hatte.

Die moderne Medizin sorgt für Reparatur und Heilung zerstörter Komponenten. Sie hat absolut ihre Berechtigung und kann teilweise faszinierende Ergebnisse erzielen. Sie ist aber nicht die ganze Wahrheit.

In der aktuellen Forschung gewinnt ein Feld immer mehr Einfluss, und das ist die Quantenphysik. Mit ihren scheinbaren Widersprüchen zu unseren Alltagserfahrungen untersucht sie Materie und auch Energie (Wellen). Quantenphysiker wissen, dass alles in seiner je eigenen Frequenz schwingt, das gesamte Universum mit all seinen Atomen und Teilchen.

Auch die Teilchen in deinem Körper schwingen, und du wirst außerdem unentwegt von Strahlung und Schwingung von außen durchdrungen. Du bist somit nicht nur ein Teil des Universums, es gibt auf der kleinsten Ebene gar keine echte Trennung von innen und außen. Das erscheint dir nur so. In dir selbst geschieht diese Schwingung, und sie geschieht außerhalb, und beide Ebenen sind verbunden. Alle Teilchen des Universums zusammen bilden ein gemeinsames großes Feld.

Üblicherweise denken wir, unser Geist sei »im« Gehirn, oder würde von ihm auf irgendeine Weise lokal erzeugt werden. Gehirnaktivitäten können wir messen und das

Gehirn selbst auch untersuchen. Den Geist aber nicht, er ist immateriell. Deswegen ist unser Geist wahrscheinlich nichts anderes als eine Schwingung. Damit wiederum ist er gar nicht zwangsläufig in unserem Gehirn oder Körper beheimatet, sondern irgendwo im großen Feld. Dein Körper wäre dann so etwas wie ein Radioempfänger, der die Frequenz deines Geistes empfängt.

Es gibt einen faszinierenden Fall aus den USA, der in eine solche Richtung weisen könnte. Beschrieben wurde er von Paul Pearsall in dem Buch *Heilung aus dem Herzen. Die Körper-Seele-Verbindung und die Entdeckung der Lebensenergie*: Eine herzkranke Achtjährige hatte ein Spenderherz implantiert bekommen. Kurz danach entwickelte sie starke Albträume. Es war immer der gleiche, sie wird in ihm umgebracht. Sie kam in psychiatrische Behandlung, doch die Ärzte dort konnten ihr nicht helfen. Irgendwann stellte sich heraus, dass die Spenderin, ein zehnjähriges Mädchen, umgebracht worden war. Die Träume der Empfängerin waren so detailreich, dass es schien, als hätte sie wirkliche Ereignisse gesehen. Der behandelnde Psychiater entschied daraufhin, damit zur Polizei zu gehen, die noch erfolglos nach dem Mörder suchte. Mithilfe der Schilderungen des kleinen Mädchens (sie wusste Zeit, Ort, Kleidung des Mannes, die Tatwaffe und was sie als Letztes zu ihm gesagt hatte) gelang es, den Mörder zu überführen.

Darüber hinaus gibt es Schilderungen von Organempfängern, die nach der Organannahme genau die Vorlieben entwickelten, die der Spender hatte. Die von homosexuell auf heterosexuell umgeschwenkt sind oder plötzlich zum Künstler wurden, obwohl sie vorher ein Leben lang davon nichts wissen wollten. All diese dokumentierten Fälle sind nicht die Regel, aber eben bei Weitem auch keine Ausnahme.

Wie ist so etwas zu erklären? Es gibt einige Modelle dafür. Eines besagt, dass die Patienten im Krankenhaus unterbewusst Informationen aufgenommen haben könnten. Ein anderes billigt dem Herzen ein eigenes »Gehirn« zu, ein weiteres benutzt ein zelluläres Gedächtnis als Erklärung. Wieder ein anderes Modell erklärt die neuen Eigenschaften damit, dass die Transplantationsempfänger plötzlich, nach einer langen Krankheitsvorgeschichte, wieder Lebenskraft und Mut verspüren und dass die Übereinstimmungen mit dem Spender nur zufällig wären.

Wir glauben, es könnte das Signal der Identität des Spenders sein, das immer noch an das Körperteil gesendet wird, auch wenn es jetzt in einem anderen Körper steckt. Die Schwingung der Identität wird noch von der Hardware empfangen. Das klingt vielleicht verrückt, aber zugleich nicht unwahrscheinlich. Wir können diese Dimensionen nicht sehen und sind so konditioniert, sie als Hokuspokus abzutun. Oft aber sind sie die entscheidenden.

Wir denken, wenn wir eine Glatze bekommen, sind wir glatzköpfig. Oder wir sind dick oder dünn. Das sind aber lediglich ein paar unwichtige äußere Aspekte von uns, die mit unserem Kern nichts zu tun haben. Der bleibt immer derselbe, ob wir nun Haare haben oder nicht und ob wir zehn Kilo mehr oder weniger wiegen. Das sind alles nur die externen Faktoren, sie definieren uns nicht. Unsere Schwingung ist das Wichtige.

Talking Head

Mich (Andrea) erinnern diese Gedankengänge an eine lustige Begebenheit, die ich einmal vor ein paar Jahren morgens um halb sieben in New York hatte. Ich war gerade auf einer Workshop-Reise dort. Wie immer hatte ich am ersten Tag Jetlag. Ich wachte morgens um halb fünf auf, zwei Stunden später ging ich in den Coffeeshop, um zu frühstücken. Im Laden gab es außerdem Internet, und ich wollte mit Dirk skypen – es war 2013, da war Skype der letzte Schrei.

Es war einer dieser langen Schlauchläden mit einer kleinen Fensterfront zur Straße. Dort saß ich und schaute nach draußen, während ich mit Dirk redete. Sein Gesicht nahm beinahe den gesamten Bildschirm ein. Dann rief mich jemand von der Bar, mein Frühstück war fertig. Ich ging hin und nahm es in Empfang.

Dirk bzw. mein Laptop mit Dirk drin blieb auf dem Tisch stehen, er guckte in den langen Schlauchladen hinein. Er war mit in dem Laden, nur sein Körper war nicht da. Es war beinahe so wie in einem Science-Fiction-Film, als hätte mein Laptop die »Dirk-Software« geladen. Am frühen Morgen war der »Talking Head« zur damaligen Zeit für manche wohl etwas surreal. Plötzlich setzte sich nämlich eine Dame, den Blick stur auf ihr Handy gerichtet, vis-à-vis vom Laptop hin.

Zuerst bemerkte sie nichts, sie spürte aber, dass sie beobachtet wurde, und schaute sich immer wieder um. Dann sah sie Dirks Gesicht auf dem Laptop, und er winkte und rief: »Good morning, New York!«

Ich sah die arme Frau fürchterlich erschrecken. Sie ver-
schüttete beinahe ihren Kaffee und rannte augenblicklich
weg. Dirk und ich haben uns scheckig gelacht. Menschsein
funktioniert auch über den Atlantik hinweg, real und virtu-
ell, physisch und energetisch.

Deine Meditation:
Expansion über alle Grenzen hinweg

Stell deinen Timer auf fünf bis zehn Minuten und
setz dich aufrecht mit geschlossenen Augen hin.

Richte deine Aufmerksamkeit auf dein Drittes
Auge, auf den Punkt zwischen den Augenbrauen.
Von da aus stell eine Verbindung zum gegenüberlie-
genden Punkt am Hinterkopf her. Dann mach das
gleiche mit zwei Punkten kurz über dem linken und
rechten Ohr. Stell auch hier gedanklich eine Verbindung her. Als Letztes verbinde den Scheitelpunkt des
Kopfes mit deinem Kehlkopf. Diese drei Linien in
deinem Kopf bilden das Grundgerüst. Bilde darum
herum eine leere Kugel aus Licht. Lass sie expandie-
ren und immer größer werden.

Sie wird zuerst so groß wie dein Kopf, dann wie der
Raum, in dem du bist. Danach expandiert sie noch
weiter und schließt irgendwann den ganzen Erdball
ein, das ganze Weltall und das gesamte Universum
und alles, was noch darüber hinausgeht und ohne
jede Form ist.

Du bist jetzt im reinen Sein, jenseits aller Form. Du bist immer noch in deinem Körper, aber zugleich eins mit allem. Spüre die Leichtigkeit in diesem Zustand. Sei ganz still.

Lass die Kugel am Ende wieder kleiner werden. Du wirst schnell zurück in dein Tagesbewusstsein finden, spätestens wenn du die Augen wieder öffnest. Wenn es dir schwerfällt, schüttle deine Hände und Beine aus.

Scheinbar Unumstößliches infrage stellen

Wer mit dem Meditieren beginnt, beginnt auch damit, vieles infrage zu stellen. Sein eigenes Verhalten, sein Denken, seinen Umgang mit sich selbst und anderen. Und darüber hinaus bald auch die größeren Ebenen und Zusammenhänge. Wenn wir in die Stille gehen, wird uns nach und nach klar, dass die Dinge auch ganz anders sein könnten, als sie derzeit sind. Unser Blick weitet sich, und dann beginnen wir auch, Institutionen, Religionen und alles Mögliche andere, das scheinbar unumstößlich ist, zu hinterfragen und unsere Position dazu neu zu überdenken. Auch das kann zu einer neuen inneren Freiheit und mehr Kraft im äußeren Leben führen.

Institutionen

Institutionen sind Ordnungssysteme, die unser soziales Verhalten regeln und uns allen Sicherheit geben sollen. Sie organisieren das Zusammenleben von anonymen Mengen von Menschen. Der wilde, raue und freie Aspekt unseres Seins ist in diesen gesellschaftlichen Gebilden nicht erwünscht, eher sind Konformität und Anpassung das höchste Prinzip. Institutionen bestimmen dabei den (vermeintlichen) allgemeinen Konsens. Sich ihnen erst zu beugen und danach darüber zu beschweren, das ist allgemeines Kulturgut. Doch auch Institutionen können infrage gestellt werden – das ist in der Geschichte der Menschheit oft passiert und hat immer wieder auch Weiterentwicklung gebracht.

Glaube an Menschlichkeit und Freude

Schuld, Sünde und Buße sind zentrale Begriffe in vielen Weltreligionen, und auch in unseren gesellschaftlichen Dimensionen sind sie tief verankert. Wenn etwas schiefgelaufen ist, wird zuerst geguckt, wer die Schuld hat. Wenn wir als Gesellschaft unzufrieden sind, muss ein Sündenbock her. Die Ausländer, die Klimaverpester, die Banker oder wer auch immer gerade passt. Die unterschwelligen Strömungen identifizieren dann mithilfe der Medien eine Art Heilsbringer-Figur oder eine Gruppe von Menschen, die sich plötzlich an der Spitze der Bewegung wiederfinden. Manchmal wirklich so wie im witzigen Film »Das Leben des Bryan«.

In Glaubenssystemen gibt es immer einen Verhaltenskodex, in dem festgelegt wird, was verboten und was erstrebenswert ist. Wer das nicht beachtet, lädt entsprechende Schuld auf sich, die er irgendwie wieder loswerden muss, um am Ende nicht in der Hölle zu landen oder auf andere Weise seine Strafe zu bekommen. Dass Bestrafung und die Androhung von Strafe letztlich nicht funktionieren, wird dabei außer Acht gelassen (siehe Kapitel »Kinder sind die besten Meditierer«). Wenn wir den Einfluss der Religionen in der Menschheitsgeschichte betrachten, haben sie nicht sonderlich viel zum Frieden beigetragen.

Außerdem: Der Glaube an die Kraft der Natur, an höhere Mächte und feinere Energien wurde durch den Formalismus der Kirchen systematisch ausgerottet. Was uns Menschen über Jahrtausende angetrieben hat, was uns Kraft und auch einen Sinn gegeben hat, wurde entweder unterdrückt und verboten oder in strenge Formen gegossen und mit Regeln versehen, die dem Ganzen viel von seiner Lebendigkeit genommen haben. Wann muss gebetet werden? Was dürfen die Frauen und was nicht? Was darf man anziehen? Wie heißt der Gott und was macht ihn aus? All das wurde festgelegt und streng überwacht.

> **»Gebt uns ruhig die Schuld,**
> **den Rest könnt ihr behalten.«**
> Die Fantastischen 4

Heute beginnen immer mehr Menschen, all das infrage zu stellen, was ihnen nicht mehr hilfreich erscheint. So leben auch viele der alten und freieren spirituellen Erlebnisweisen wieder auf, ebenso gibt es immer mehr (alte und neue) freiere Heilweisen. In unseren Meditationen hier im Buch findest du Möglichkeiten, ganz für dich deine Entwicklung voranzubringen. Dabei bedarf es keiner göttlichen Intervention auf dem Weg zur Erleuchtung. Was hier zählt, ist die Praxis und nicht irgendeine Art von Frömmigkeit. Und es geht auch nicht zwangsläufig darum, in Askese zu leben und allen Freuden und vermeintlichen Sünden für immer Auf Wiedersehen zu sagen.

Wir betrachten den Geist eher als etwas »verstellt«, er wurde von vielen Dingen überlagert, und das macht ihn so unfrei. Diese Dinge können wir aber wieder wegräumen, und dazu brauchen wir nicht dieses ganze Drumherum von Schuld und Sünde. Auf diese Weise können wir auch viel entspannter und neutraler mit eventuellen Ausschweifungen umgehen. Dann haben wir halt mal über die Stränge geschlagen. Na und? Wir können aufhören, uns selbst (und andere) fertigzumachen, und einigermaßen undramatisch mit der Welt und dem Alltag umgehen.

Deine Übung: Bewusste Pause von allem

Das hier ist keine Übung im herkömmlichen Sinne. Heute nehmen wir uns eine »bewusste Pause«.

Probier einmal Folgendes aus, und mach es gern regelmäßig in deinem Alltag: Sei in Gegenwart deines Partners, deiner Kinder und anderer dir nahestehender Menschen vollständig präsent. Mach nichts, sei einfach nur da und beobachte deine Gefühlswelt.

Sei dir auch bewusst, dass du selbst wie die Menschen um dich herum impermanent bist, nicht von Dauer. Alles wandelt sich. Spüre zugleich den Moment, in dem alles da ist.

Die Energie der Liebe

Die Liebe ist eine der mächtigsten und wichtigsten Energien in unserer Welt. Die Zuneigung zwischen Menschen ist eine der zentralen Triebfedern für Wohlbefinden, Gesundheit und persönliches Glück. Die Liebe ist schwer zu fassen und zu beschreiben, sie ist rauschhaft, chaotisch und freiheitsliebend auf der einen Seite. Erdend und Vertrauen gebend auf der anderen Seite. Ein Lebenselixier.

Und was machen wir daraus?

Wir pressen und zwingen es in eine Form und reduzieren es auf Gebote und Verbote. Das schwer Fassbare wird in eine Box gesperrt, damit es für uns beherrschbar ist und wir ein Etikett draufkleben können. Noch immer gibt es Menschen, für die es unbedingt eine Ehe sein muss, am besten mit Vertrag. Dazu gehören ein Heiratsantrag, das Jawort vor einem Beamten und Gott, ein Ring, ein Strauß, ein Kleid, ein Lied, eine Frisur, Trauzeugen, eine Flitterwochenreise. Alles monatelang geplant und bestimmten Konventionen folgend. Danach ist man dann nicht mehr frei. Wenn eine Frau dann einen Abend mit drei anderen Männern verbringen möchte, weil das ihre Freunde sind, wird das plötzlich schwierig. Umgekehrt genauso. Man darf nur noch einen oder eine attraktiv finden. So steht's im Vertrag. So ist es mit Gott besprochen.

Es wird gesetzlich vorgeschrieben, ob Hetero- oder Homo- oder Migranten-Ehen »legal« sind, und es wird in einigen Ländern bestraft, wenn man sich mit dem nicht erlaubten Geschlecht einlässt. Vom Gesetz und vom Lynchmob.

Sexualität, das wurde schon vor ein paar Tausend Jahren erkannt, ist das Vehikel zur Einheit, zum universellen, temporären Auflösen des eigenen Selbst. Ein Weg zu göttlicher und spiritueller Erfahrung. Es ist Freude. Lies das Kamasutra, dann weißt du Bescheid.

Und was ist daraus geworden? Ein Mittel für Werbung, Unfreiheit, Manipulation und Machtausübung. Eingeengt von institutionellen Erwartungen, Tinder und Pornografie. Und was machen die Menschen dann logischerweise? Ihr freier Spirit ist ja noch da, mit der Unterdrückung verschwindet er nicht. Sie brechen aus, vergnügen sich und verstecken es danach. Oder sie missbrauchen.

Das ganze Drama beginnt damit, dass wir Verbote und unausgereifte Regeln über etwas legen, was natürlich ist. Ob in der Sexualität oder in all den anderen lebendigen Regungen von uns Menschen. Immer wenn du in dieser Welt aus starren Formen mit ihren Vorschriften und Konventionen stecken bleibst, frage dich: »Ist es das, was ich wirklich will? Oder hat mir Hollywood das eingeimpft? Oder irgendeine andere Institution?«

Wenn dich zum Beispiel dein Mann oder deine Frau betrogen hat, hast du unzählige Möglichkeiten, damit umzugehen. Die gesellschaftlichen Verhaltensvorschriften verlangen jetzt von dir, dass du frustriert bist, dich verletzt fühlst, dich trennst, auf Rache sinnst und überhaupt aggressiv und gemein reagierst. Du sollst dich jetzt als Opfer fühlen. »Warum wurde mir das angetan?!«

Hast du wirklich keine andere Wahl? Wie wäre es, wenn du dich stattdessen lieber fragen würdest, was du daraus lernen kannst? Was jetzt das Beste wäre, was du tun kannst? Wenn du ein wahrhaft Suchender bist, fragst du dich: »Was habe ich zu dieser Situation beigetragen? Wie kann ich etwas daraus lernen? Was muss ich tun, um meine persönliche Integrität zu behalten oder wiederzuerlangen?«

Wenn alles in Ordnung gewesen wäre, wäre es wahrscheinlich nicht passiert, dass der andere fremdgeht. Viele Dinge ereilen uns eben nicht aus heiterem Himmel. Wir co-kreieren unsere Welt und haben damit auch eine Verantwortung dafür. Erwachsene Entscheidungen sind gefragt, nicht die Muster von Fünfjährigen, denen man das Spielzeug weggenommen hat. Erkenne, was du wirklich willst, und lass dich nicht manipulieren!

Es kann alles Mögliche daraus werden. Vielleicht bleibst du bei deinem Partner, und ihr beginnt noch einmal ganz neu, indem ihr in eurer Beziehung aufräumt. Vielleicht sagst du aber auch, dass du sein Verhalten nicht dulden willst, und gehst. Wenn du ehrlich mit dir und deinen Gefühlen bist, wirklich hinschaust, was bei euch los ist, wirst du garantiert mehr Klarheit erlangen und weiter vorankommen, als wenn du nur den vorgeschriebenen Mustern folgst. Das Leben hält nicht nur angenehme Empfindungen für uns bereit und du kannst sie dir nun mal nicht aussuchen. Aber du kannst deine Meditationspraxis dafür nutzen, um innerlich zu reifen und resilienter zu werden.

Deine Meditation: Lass dich einfach in Ruhe

Stell deinen Timer auf fünf bis zehn Minuten. Setz dich mit offenen Augen in deinen Meditationssitz. Atme ein und aus, und schließ dann die Augen.

Nimm dir jetzt einfach eine Auszeit. Mach überhaupt nichts. Lass dich einfach in Ruhe. Lass dich einfach so sein, wie du bist. Genieße das Gefühl, wie dein Körper in der Entspannung schwerer wird. Lass deinen Geist denken, wenn er denken will, und kümmer dich nicht weiter darum. Genieße, dass du nichts tun musst.

Adressen

ANDREA KUBASCH / DIRK BENNEWITZ

www.poweryogainstitute.de
info@poweryogainstitute.de

www.dirkbennewitz.de
info@dirkbennewitz.de

ONLINE-MEDITATIONSRAUM:

www.meditationfuerdeinleben.de

BLOG:

www.poweryogainstitute.de/blog

POWER YOGA INSTITUTE

Uhlenhorst:
Herderstraße 38
22085 Hamburg

Schanze:
Ludwigstrasse 10
20357 Hamburg

Winterhude:
Mühlenkamp 41
22303 Hamburg

Office New York:
576 Fifth Avenue, Suite 903
New York, NY 10036

.

Über die Autoren

Dirk Bennewitz, ehemaliger Fall-schirmjäger, praktiziert seit 40 Jahren die japanische Kampfkunst Aikido. Vor 20 Jahren kam er zum Yoga, was seine Lebenseinstellung von Grund auf änderte. Mittlerweile ist Bennewitz einer der renommiertesten Yoga- und Meditationslehrer Deutschlands, nebenbei arbeitet er auch weiterhin als Bodyguard internationaler Topstars.

© Marco Grundt

Andrea Kubasch war lange Jahre Musikmanagerin und tourte mit den großen Stars um die Welt – bis sie zum Yoga und zur Meditation fand und ihrem Leben eine völlig neue Richtung gab. Sie ist Autorin und Urheberin zahlreicher erfolgreicher Yoga-DVDs (u.a. Brigitte Power-Yoga, Detox-Yoga) und wird in den USA im gleichen Atemzug mit internationalen Yogastars wie Rodney Yee und Seane Corne genannt. Andrea Kubasch und Dirk Bennewitz führen gemeinsam drei erfolgreiche Yoga- und Meditationszentren in Hamburg (Power Yoga Institute) und geben weltweit Workshops.

© Marco Grundt

Dirk Bennewitz
Andrea Kubasch

Das Yoga-Programm für alle Lebensbereiche

978-3-7787-8266-8

Yoga kann unser Wohlbefinden auf allen Ebenen spürbar verbessern. Mit dieser anregenden Mischung aus Asanas, Meditationen, leckeren Rezepten u.v.m. kann sich jeder das Programm zusammenstellen, das wirklich zu ihm passt.

So abwechslungsreich war Yoga noch nie!

Leseprobe unter **www.ansata-integral-lotos.de**   *Lotos*

Dirk Bennewitz
Andrea Kubasch

Sanfte Übungen mit starken Effekten

978-3-7787-8248-4

Das Yin-Yoga-Programm mit erstaunlicher Tiefenwirkung:
Mit einfachen Übungen erfährt das Bindegewebe eine Straffung
und Neubelebung, die sich positiv auf beinahe alle Körperfunktionen
auswirkt – gegen Rückenschmerzen, Verspannungen, Cellulite,
zur Stressreduktion und als Detox-Maßnahme.

Leseprobe unter **www.ansata-integral-lotos.de**   *Lotos*